ELOGIOS A
LAS LLAVES DEL AMOR Y LA FELICIDAD:

"Conozco a Lorena Godoy desde hace muchos años. Es una dedicada maestra de meditación y una inspirada coach metafísica. No me sorprende que su evolución personal la haya llevado ahora a canalizar una serie de enseñanzas asombrosas sobre los principios cósmicos que sirven de base a la felicidad y al amor. Me siento muy agradecido de poder leer el aporte de Lorena y me inspira la visión, simple y aun así profunda, de armonía y plenitud que ella presenta en este libro. ¡Es un regalo para todos los que lo abran!"
—BRENT BECVAR, M.S., psicoterapeuta, astrólogo védico y director del Chopra Center Vedic Counseling Program

"Me fascina este libro. Quedé enganchada desde el comienzo por el relato que hace Lorena de cómo canalizó este conocimiento mediante su inmersión en un estado de profunda receptividad amorosa y llena de gratitud. Los mensajes de los Maestros son inmensamente conmovedores. Las claves que nos ofrecen son simples y al mismo tiempo profundamente sanadoras."
—WALEUSKA LAZO, autora de *The Gratitude Blueprint* y *The Best Worst Thing that Happened to Me*

LAS LLAVES DEL AMOR Y LA FELICIDAD

CONVERSACIONES CON LOS MAESTROS DE LA VERDAD

LORENA GODOY

Traducción de Adriana de Hassan

LORENA GODOY BOOKS
MIAMI, FLORIDA

DESCARGO DE RESPONSABILIDAD: *La autora de este libro no ofrece asesoría médica ni recomienda usar técnica alguna para tratar problemas físicos o médicos sin contar con la debida asesoría de un médico, bien sea directa o indirectamente. La única intención de la autora es brindar información general para ayudarle en su búsqueda del bienestar emocional y espiritual. Ni la autora ni la editorial asumen responsabilidad alguna por los actos de terceros que decidan utilizar la información contenida en este libro, si bien tendrían derecho a hacerlo.*

Copyright © 2021, Lorena Godoy

Todos los derechos reservados. Esta publicación no podrá reproducirse, distribuirse o transmitirse ni en parte ni en su totalidad o a través de medio alguno como fotocopias, grabaciones u otros métodos electrónicos o mecánicos, sin el previo consentimiento escrito de la editorial, salvo por citas cortas incluidas en comentarios críticos y ciertos usos no comerciales permitidos por la ley de derechos de autor. Toda solicitud de autorización deberá dirigirse a la editorial.

Lorena Godoy / Lorena Godoy Books
www.lorenagodoy.com
books@lorenagodoy.com

Corrección de estilo del original en inglés y producción,
    Stephanie Gunning
Corrección de estilo en español, Ana del Corral Londoño
Concepto de portada y arte de las llaves, Héctor Chacón Hänsen
Diseño de portada, Héctor Chacón Hänsen y Gus Yoo
Ilustraciones en páginas interiores, Lorena Godoy, Nicole Godoy, y
    Gus Yoo
Diseño del libro © 2020 Book Design Templates

Descuentos especiales para bibliotecas y para compras por volumen por parte de empresas, asociaciones, grupos de lectura y otros. Para mayor información, contactar a la editorial books@lorenagodoy.com

Número de control de la Biblioteca del Congreso 2021904915

Las llaves del amor y la felicidad / Lorena Godoy —Primera edición

ISBN 978-1-7363336-3-1 (tapa blanda)
ISBN 978-1-7363336-4-8 (kindle ebook)

Dedico estas palabras de amor y felicidad al espíritu de la vida y a los corazones de quienes me acompañan por la senda que conduce al amor, la felicidad y la grandeza del ser. Dedico estas líneas de sabiduría, salidas de mi corazón, al espíritu de la vida presente en las estrellas, las lunas y los soles que viven dentro de todos nosotros. Entrego estas líneas a quienes están llamados a sumergirse en este océano de conocimiento; beban de él como expresión de su propia verdad, de su propia voz y de su realidad. Mi verdad quizás no sea tu verdad, pero te la entrego en forma de gotas de sabiduría para elevar tu espíritu y contribuir a tu felicidad.

ÍNDICE GENERAL

Introducción 1

PRIMERA PARTE
EL MÉTODO DE LA SIMPLICIDAD Y LAS TRECE LEYES DE LA EXISTENCIA 9

1. El método de la simplicidad 11
2. Las trece leyes de la existencia 19
3. La ley de existir 27
4. La ley del amor 29
5. La ley del ahora 33
6. La ley del no esfuerzo 37
7. La ley del orden y la reorganización 39
8. La ley de la aceptación 42
9. La ley de dar 44
10. La ley de recibir 46
11. La ley de reciclar 48
12. La ley del servicio 50
13. La ley de invertir 52
14. La ley de la expansión 54
15. La ley de la grandeza 57

SEGUNDA PARTE
EL LIBRO DE LAS REVELACIONES 59

16. La felicidad 61
17: El silencio 63
18: La flexibilidad 65
19: El amor por encima de todo 66
20: El declive de la vida 69
21: La pérdida 71
22: La separación 75
23: La tristeza 80
24: La tragedia 82
25: La enfermedad 85
26: El juicio 91
27: El egotismo 94
28: La aflicción 96
29: El conflicto 98
30: El miedo 102
31: Los malentendidos 105
32: El autoengaño 109
33: La angustia 112
34: La imperfección 114
35: El camino al máximo potencial 116
36: El cultivo de sí mismos 117
37: La desarmonía 118
38: La liberación 121

39: La unidad 124
40: La conciencia 126
41: La reminiscencia 128
42: La sincronía 130
43: El gozo 132
44: El reconocimiento 135
45: La libertad 137
46: El altruismo 140
47: Fluir 142
48: El canto del alma 147
49: La sabia voz interior 149
50: La desilusión 151
51: La armonía 153
52: La evolución 155
53: El existir 157
54: La procrastinación 159
55: El amor divino 161
56: El desapego 163
57: La reencarnación 165
58: La verdad de su existencia 167
59: El reciclar de las partes 169
60: La singularidad 172
61: Empatía y conexión 176
62: La majestad del corazón 179
63: La tranquilidad 181
64: Las comunidades de amor 184

65: La inspiración 187
66: La magia 189
67: La iluminación 192
68: El contrapeso 195
69: La compasión 198
70: Las disculpas 200
71: Los impulsos del momento presente 205
72: La vida consciente 207
73: La unicidad 209
74: Las transiciones 212
75: El amor incondicional 215
76: La ambición 218
77: La integración 221
78: La gloria de la existencia 224
79. La correlación 227
80: La simplicidad 230
81: Claridad y manifestación 232
82: El contraste 238
83: La abundancia 241
84: La interconexión 244
85: La oportunidad 248
86: El vacío 250
87: El orden intrínseco 253
88: Terminología de frecuencias 256
89: El ascenso 259
90: El espejo 263

91: Los registros akáshicos 265
92: La armonización 268
93: Las dimensiones superiores 271
94: Vivir y dar con propósito 273
95: La calma 275
96: La conexión de todo 277
97: El simbolismo 280
98: La amnistía 283
99: La resolución del yo 285
100: Despertar al amor 288
101: La alegría de la existencia 290
102: Bendiciones 292
103: Vida y eternidad 295
104: La grandeza de la creación 297
105: La simplicidad de todas las cosas 299
106: La contemplación 300
107: Ser paz 303
108: Regocijarse 305

Epílogo 307
Agradecimientos 311
Recursos 315
Sobre la autora 318

INTRODUCCIÓN

Mis conversaciones con los Maestros de la Verdad comenzaron como un diálogo interno con mi corazón. Mi corazón amoroso es mi auténtico ser. Siempre he sentido el deseo profundo y sincero de entregarme en devoción para el bien de todos y la felicidad y evolución de la humanidad.

Volvamos atrás para ver cómo empezó todo esto. En la adolescencia emprendí un camino hacia descubrir lo que soy, y en mi temprana juventud me fui adentrando más en él a la par que buscaba ser una persona más sana emocionalmente. Siempre me sentí profundamente atraída por la búsqueda espiritual y por explorar diversas prácticas de crecimiento personal.

Después de trabajar unos años y de disfrutar de una corta carrera como odontóloga, además de dedicarme a la vida familiar y la crianza de mis hijos, sentí un llamado interno de certificarme en *coaching* ontológico y de ahondar en la naturaleza del ser y sus relaciones.

Tuve que vivir, inesperadamente, una época difícil con un miembro de mi familia. Enfrentar la situación requirió que aplicara e integrara todo el conocimiento y la sabiduría que había adquirido. También me mantuve firme en mi devoción y arraigada a mi fe por medio de prácticas profundas de visualización y oración. Durante ese período difícil llegó a mi vida la herramienta extraordinaria de la meditación; imagino que mi alma la pedía.

A medida que avanzaba en mi experiencia con la meditación y la convertía en un elemento habitual de mi práctica diaria, me di cuenta de que casi todas las cualidades que antes me parecían negativas empezaban a disolverse. La meditación se convirtió en una herramienta invaluable para lograr la claridad mental, el equilibrio emocional, la libertad emanada desde mi interior, la paz y el despertar de mi intuición.

Cuando reconocí el impacto y el cambio que el viaje emprendido en mi interior por medio de la meditación produjeron en mi vida, decidí certificarme como maestra de meditación. Me matriculé en un curso ofrecido por el *Chopra Center for Wellbeing* en Carlsbad, California, bajo la dirección de Deepak Chopra y su personal. Buscaba una forma de vida que tuviera propósito y significado. Mi más profundo anhelo era dar y compartir los beneficios de lo que yo misma había aprendido y experimentado cuando me encontraba en estados de conciencia profunda durante la meditación. Quería compartir con los demás cómo me había transformado en una persona más amorosa, compasiva y evolucionada.

Cada vez que, mientras meditaba, me sumergía en ese océano interior de quietud y paz, me iba liberando del estrés emocional y físico, de los condicionamientos del pasado y de creencias limitantes que ya no me servían. La meditación también me ayudó a cultivar las cualidades que deseaba fortalecer, como la pureza del corazón, la libertad y la autenticidad. La experiencia de vivir conectada con mi corazón me permitió crear una realidad nueva todos los días. Todas las mañanas, mientras meditaba, veía, sentía y vivía —desde un estado de conciencia serena— los pensamientos y las emociones que asociaba con lo que, en lo más profundo de mi ser, yo quería ser. Afirmaba: "Yo soy maestra del amor y estoy aquí para dejar huella en el mundo. Soy una presencia de amor, de despertar espiritual y de expansión para quienes me rodean y para el mundo entero".

En esos momentos no sabía exactamente cómo iba a contribuir al todo; pero pedí la oportunidad con intención clara, con pasión en el corazón y en espíritu de profunda gratitud y confianza, como si ya hubiera logrado y manifestado mi deseo.

Con el paso del tiempo he ido desarrollando la sensibilidad para percibir el movimiento de la energía electromagnética en mi cuerpo y en el ambiente que me rodea. Periódicamente realizo sesiones con sanadores energéticos, personas diestras que saben cómo balancear mis chakras y en general mi campo energético. En mi opinión, balancear la energía es como tomar suplementos vitamínicos. Es algo que se debe hacer a diario.

Un día fui a visitar a Cathy, mi guía y sanadora de confianza. Durante la sesión ella alineó mi energía, y recibí de parte de seres de una dimensión superior indicaciones para que escribiera todas las noches antes de irme a dormir y todas las mañanas al despertar. Me comprometí con esa "tarea" y comencé esa misma noche. Los mensajes que comparto en este libro son producto de lo que sucedió después, durante quince semanas.

Este libro fue escrito en distintos lugares; a dondequiera que viajaba llevaba mi cuaderno. Empecé a escribir en los Estados Unidos, en mi casa en Miami, Florida. Lo terminé en Isla Margarita, en Venezuela, mi otro hogar en mi país de origen.

Todo lo que leerán aquí lo escribí a mano, sobre papel, en una serie de diarios en blanco, y todo lo recibí de manera intuitiva. Bajaba información y escribía automáticamente en inglés, idioma que no es mi lengua nativa. Todo fue un fluir de la conciencia. Nada obedeció a un plan, aunque a medida que avanzaba en el proceso sí empecé a hacer preguntas.

Al principio, cuando me sentaba a escribir, salían de mi pluma enunciados cortos y no relacionados acerca de la vida y la existencia humana. Eran afirmaciones profundas y breves. Realmente no tenía idea a dónde me llevaría todo esto, hasta que escribí acerca de una serie de pautas para vivir una vida tranquila y fluir en sintonía con nuestra esencia interior y con las fuerzas de la vida. El método de la simplicidad, como se conocen ahora esas pautas, es una forma de vivir sin esfuerzo. Todos los aspectos de la vida son tan fáciles como respirar o parpadear.

> *No hay necesidad de forzar nada. Sólo debes ser quien eres y hacer lo que es inherente y natural para el ser, el cuerpo y el corazón. La simplicidad es estar en sintonía y alineación con la vida y dentro de la vida misma.*

En la sesión de escritura de ese día fue cuando por primera vez noté que participaba en un diálogo con una presencia más elevada que compartía su conocimiento superior conmigo por medio de una "descarga" mental de información. Yo sola no habría podido expresarme de una manera tan bella y fluida. En ese instante de reconocimiento me di cuenta de que estaba canalizando un conocimiento de significado profundo. Percibí que me pedían compartir ese conocimiento, y pregunté "¿Por qué yo?"

Los seres que llegué a conocer como los Maestros de la Verdad del Amor y la Felicidad (o los Maestros de la Verdad, para abreviar), respondieron:

> *Lo has deseado desde hace mucho tiempo; y ese es el secreto. Recuerda, la respuesta a un deseo profundo y*

genuino de tu corazón que se difunde con confianza hacia el Universo, hacia el Amor Divino, te llegará con total claridad y gentileza.

Todo ser que pide algo en forma de pensamiento —y lo siente en su corazón como la vibración de una emoción, como si su deseo ya se hubiera manifestado— recibe; lo deseado se manifestará.

Todo ser que pide algo en forma de oración recibirá siempre y cuando eleve su oración con fe y confianza plena. Sus peticiones se manifestarán siempre y cuando nazcan de una verdadera devoción hacia la propia divinidad y de la percepción del ser como una chispa de la luz Divina.

Comprendí que lo que eso significaba era que, para ser efectivas, las oraciones deben sentirse en el corazón. Mis maestros espirituales siempre me han enseñado que la frecuencia de un pensamiento, combinada con una emoción, emite energía hacia el campo de la energía sutil, haciendo que se manifieste la realidad que pedimos. Los Maestros de la Verdad parecían estar de acuerdo.

Los Maestros añadieron:

La grandeza de tu corazón puede con este compromiso y con más, alma llena de gracia, ser lleno de belleza, ser de alegría.

Sentí que los Maestros de la Verdad me amaban a mí, como nos aman a todos, y deseaban que yo estuviera segura de que su decisión de comunicarse conmigo y por medio de mí era una decisión con fundamento.

Mi devoción por el proceso de escribir todas las mañanas y todas las noches era firme. Los diálogos se desenvolvían de una manera tranquila y amorosa, y antes siempre yo declaraba una intención de que los mensajes que recibiera fueran para el mayor bien de todos. Veía este proceso como una forma de expresar mi deseo de marcar una diferencia en el mundo y servir a la humanidad por medio de ser una presencia de despertar espiritual.

A lo largo de las siguientes quince semanas recibí revelaciones que nunca había oído antes sobre diversas leyes de la existencia, cualidades del ser y aspectos de la vida, además de instrucciones relacionadas con prácticas diarias encaminadas a vivir una vida serena, apacible y plena.

Todas estas palabras y líneas colmadas de conocimientos superiores son un regalo para personas sabias y para quienes buscan la iluminación en procura de vivir en sintonía con su verdadera naturaleza. Los Maestros de la Verdad se aseguraron de que yo comprendiera cuál era su intención al ofrecerme ese conocimiento. Los mensajes de este libro son una especie de fórmula secreta para la felicidad, el amor, la realización y la libertad. Son herramientas de un valor indescriptible.

LORENA GODOY

Los Maestros de la Verdad son seres antiguos provenientes de dimensiones de amor y de civilizaciones distantes que han elegido compartir la luz de su sabiduría sobre la felicidad y la evolución del ser hacia la verdad (o la verdad de la existencia). El conocimiento poderoso plasmado en este libro encierra códigos energéticos para la evolución provenientes de sistemas estelares y planetarios: el grupo de las Pléyades y los planetas Osiris, Usiras y Galea.

Espero que te sumerjas y te nutras en este océano repleto de sabiduría y te dejes llevar por sus corrientes hacia las profundidades de una experiencia de amor, felicidad y grandeza del ser. Yo he disfrutado inmensamente sumergirme en la magnífica y bella profundidad de esas aguas y de emerger a la superficie habiendo comprendido la inmensidad infinita y la realidad divina del ser.

Te invito a acoger las leyes de la existencia y el método de la simplicidad que los Maestros de la Verdad han querido regalarnos. Permite que, en el proceso de despertar a la sabiduría de tu alma y a la verdad verdadera, la valentía de tu corazón sea más fuerte que el miedo de tu mente.

Despierta a la verdad de tu corazón, la sabiduría de tu alma, el ritmo de tu cuerpo y las pulsaciones de la vida que vibran en todo tu ser.

Lorena Godoy
Isla Margarita, Venezuela

PRIMERA PARTE

EL MÉTODO DE LA SIMPLICIDAD Y LAS TRECE LEYES DE LA EXISTENCIA

THE OCEAN

*My inspiration, my wisdom waters and master
of many inquiries,
May I submerge in the depth of your water,
And swim with the grace of a wise master,
Sharing my knowledge as I get to the shores of
fertile soils,
Asking to be planted by the seeds of knowledge
and love that give life to all.*

UNO

EL MÉTODO DE LA SIMPLICIDAD

"¿Deseas tener una vida feliz y sencilla? Entonces permíteme susurrar en tus oídos un conocimiento superior. Recíbelo como un baño de gotas de amor y paz", me dijeron los Maestros la primera vez que me senté a plasmar sus mensajes en papel. Como todavía no sabía quiénes eran, pensé que hablaba sola, con mi sabiduría interior.

Antes de irme a dormir, después de mi sesión de alineación con Cathy, la sanadora energética, anoté una serie de pensamientos al azar:

El amor verdadero comienza por reconocer el amor propio, una fuerza sanadora imparable. ¿Alguna vez te has preguntado qué deseas sanar?

¿Qué deseas dar? ¿Tienes algún don o cualidad interna que desees compartir?

Servir a los demás es un acto desinteresado. No busca ni desea reconocimiento. La dicha que se siente al servir viene de la conexión, de un entramado de energía que solo busca la expansión, la armonía, la plenitud y la unicidad.

A la mañana siguiente, me levanté y tomé lápiz y papel nuevamente. Escribí:

¿Cómo podríamos saber lo que significa la felicidad si no hubiéramos experimentado la tristeza? ¿Cómo podríamos conocer la realización si no hubiéramos fracasado?
Lograr el dominio del ser requiere comprender y aceptar nuestras debilidades y convertirlas en escalones del camino hacia la plenitud de nuestro ser, talentos y dones, hacia nuestra grandeza.
Mi objetivo es poder decir, "Yo soy maestra del amor" o "me he convertido en maestra del amor".
La maestría requiere una renovación interior constante y en ello reside la belleza del camino hacia la grandeza de nuestro ser. Podemos ver cuánto hemos avanzado, desde el inicio, en la plenitud de lo que somos.

Esa noche después de la cena me llevé el diario a la mesa del comedor y me senté a escribir a solas. Empecé por formular una pregunta cuya respuesta ansiaba conocer. Todavía se me dificultaba encontrar tranquilidad en relación con las mismas inquietudes que me habían llevado a hacer la sesión con Cathy.

No sentía dolor ni estaba sufriendo, pero sí quería entregar todo mi amor y servir a la humanidad. Deseaba traer conocimiento superior al colectivo. Entonces pregunté:

¿Cómo puedo entender lo que otros sienten y sentir compasión si yo misma no logro procesar mi propio dolor, mi propio sufrimiento, y no logro perdonarme?

La respuesta llegó:

LA VOZ DE LOS MAESTROS:

Soltar es parte indispensable del proceso de sanar para alcanzar la realización. Es cuestión de abrir espacios para que puedan llegar cosas nuevas. Se hace también para reorganizar y dar nueva forma a todos los aspectos del ser.

Detente.
Suelta.
Respira.
Sana.
Reconoce tu valor.

Recibe.

Da.

Disfruta.

Agradece.

***

No veía el momento de poner en práctica esos sencillos pasos. Antes de dormir realicé la práctica de soltar. Mi último pensamiento fue de agradecimiento por la suavidad de mi almohada.

***

Los Maestros tenían grandes planes para mí al día siguiente. Era obvio que habían comenzado de una manera sencilla antes de enviarme instrucciones de gran calibre.

LA VOZ DE LOS MAESTROS:

Haz feliz a alguien hoy, entrégate y comparte tus dones para bañarte en las aguas de la dicha.

Los mantras encierran poder. Los mantras te llevan a la profundidad de tu ser y te ayudan a descubrir tu esencia. Su efecto tranquilizador te lleva más allá del ruido de la mente a un espacio de silencio y paz. Es allí donde surge la creatividad y comienza a manifestarse la sabiduría.

Esta sabiduría es alimento sublime para el corazón.

El orden, el orden, el orden —en las células, en la naturaleza, en el cuerpo, en cualquier ser— lleva a la sintropía.

La tendencia de la naturaleza, los sistemas y los organismos a perder energía y desordenarse con el tiempo encuentra su contrario en la búsqueda de un nivel de organización interna que tiende al orden. Es lo que se denomina *sintropía*. Es la conciencia cuando enfoca la energía para crear y mantener un sistema.

La vida misma tiende a la sintropía.

***

LA VOZ DE LOS MAESTROS:

Hay un método para vivir una existencia simple caracterizada por el amor propio, la paz interior, la realización interior y la libertad; es el método de la simplicidad. Es así como funciona.

Cierra los ojos y retírate al espacio mágico de tu ser interior.

Coloca tus manos sobre tu corazón.

Inhala amor y exhala luz, la luz de la Fuente.

Difunde tu magia a través de la luz que exhalas. Es como un polvo celestial que contiene todas las fuerzas que, combinadas, sanan y restablecen el orden.

LORENA GODOY

***

Estaba emocionada y tenía tal cantidad de preguntas sobre los mensajes que me habían llegado que inicié un diálogo en ese momento. Las preguntas que aparecen en cursiva son mías. Las respuestas que recibí aparecen en texto normal.

¿Qué es "el orden"?

Confiar en tu propia naturaleza. Sin orden no hay vida.

¿Qué es "la vida"?

El movimiento de todas las fuerzas es vida. La vida es un fluir. El fluir genera evolución y expansión. La expansión es la transformación que lleva a la paz interior.

¿Qué es "paz interior"?

Es el estado intrínseco del yo.

¿Quién es divino?

Quien comprende realmente la verdad de su existencia. Perdona. Ama. Da.

LAS LLAVES DEL AMOR Y LA FELICIDAD

Comparte la alegría que proviene de comprender el secreto de que la vida es sencilla. Sólo la haces difícil cuando no estás en sincronía con los fundamentos de la creación, de la naturaleza. La vida es tan sencilla como el acto mismo de respirar. No requiere esfuerzo. La vida es un proceso natural.

La felicidad también es un proceso natural para quienes comprenden el secreto.

Gracias. ¡Entiendo! Nada de resistencia y ninguna fuerza de oposición contra nada.

No hay necesidad. Sé simple. Todo encajará por sus propias fuerzas mediante el fluir de la existencia.

Gracias. Gracias por guiarme y por este regalo.

***

Antes de irme a dormir hubo otro intercambio corto. Comencé por preguntar:

¿Qué es la vida sino dar, ser fiel a mí misma, escuchar y hablar desde mi corazón? Es lo que siento y cómo me siento, ¿no es así?

LA VOZ DE LOS MAESTROS:

No es posible errar cuando se habla desde el corazón, porque la voz del corazón es la voz de la Divinidad.

Cultiva un corazón generoso. Sigue disfrutando la vida. Sé alegre y vital. Tu templo necesita mover la energía, nada es estático. Sencillamente necesita fluir.

Estemos presentes los unos para los otros. La presencia verdadera es poder verte a ti misma en el otro, ¡es una comunión de dos almas, en una gran EXPLOSIÓN! Para eso están aquí, para reconocerse todos desde el corazón.

DOS

LAS TRECE LEYES DE LA EXISTENCIA

Apenas habían transcurrido unos días de estos diálogos y ya me sentía ansiosa de despertar para ver los temas nuevos que los Maestros —o mi corazón— me presentarían. Llegó un día en que sentí que mi corazón iba a estallar de amor, emoción y gratitud por la oportunidad de traer expansión y conocimiento superior a los demás. Tomé lápiz y papel, como era ya mi costumbre de todos los días.

LA VOZ DE LOS MAESTROS:

Fortalece tu poder todas las mañanas creyendo en ti misma. Reconoce las cualidades que encarnas y entrega algo. Por pequeño que sea ese algo, te mostrará que siempre podrás dejar huella en la vida de alguien.

***

Nunca dejes pasar la oportunidad de vivir, de hacer felices a otros, o de gozar y divertirte. Ve lo bueno que hay en los demás y en todas las cosas.

***

Elogia a otros con sinceridad. Eso abre puertas. Todo el mundo agradece sentirse reconocido y apreciado.

***

Mantente enfocada y alineada con tus metas.

***

Cuán magnífica e inmensa puede ser la vida cuando la miramos a través de los ojos del verdadero ser, a través de los ojos del corazón. Cuánto amor podemos recibir de esa inmensidad si abrimos nuestros corazones y liberamos la mente del yugo del ego y de la necesidad de medirlo todo.

***

La vida y la luz son inconmensurables. No hay nada que pueda contener esa magnificencia; solo la mente impone limitaciones. Tu mente crea límites y mide porque cree que es necesario frenar tu expansión y restringir una experiencia total de tu verdadera vida.

***

¡Despierta, despierta tu ser! Estás llamada a ser más grande de lo que crees que eres.

***

Piensa con tu corazón, tu verdadero motor. Utiliza tus habilidades para hacer el bien y para el bien de todos. Crea armonía. Crea una comunidad de amor y empatía. Despierta a tu verdadera esencia y la luz de tu compasión brillará.

¿Qué más puedo dar?, pregunté.

Tú misma... con devoción. Dedícate a servir a quienes desean comprender los secretos de la simplicidad y de su existencia.

A veces la vida duele. ¿Qué debemos hacer cuando la vida nos traiga dolor?

Estar preparados para despertar con la vida. En el proceso de expansión, el malestar antecede a la realización. El dolor los fortalecerá.

Sientan la gloria, la dicha de vencer los miedos y de triunfar en sus "batallas".

Confíen en la genialidad que hay en su interior porque los llevará muy lejos.

¿Qué pasa si pierdo mis "batallas" en la vida?

Las asimilarás como parte de tu camino.
A los tropiezos llamémoslos *escalones*, y no fracasos.

¿Hay leyes que organizan el universo?

Sí. Hay leyes que rigen la existencia. Quienes comprenden estos principios de la creación y se sintonizan con ellos, viven en la simplicidad. Las leyes que debes aprender son las siguientes:
- La ley de existir
- La ley del amor
- La ley del ahora
- La ley del no esfuerzo
- La ley del orden y la reorganización
- La ley de la aceptación
- La ley de dar

- La ley de recibir
- La ley de reciclar
- La ley del servicio
- La ley de invertir
- La ley de la expansión
- La ley de la grandeza

La primera vez que los Maestros de la Verdad me hablaron de las leyes de la existencia, las percibí como un conjunto de trece reglas que debía seguir sin siquiera entender su significado. No obstante, a medida que continuó la descarga de información desde el campo de la conciencia, por la simplicidad con la que se me presentaban pude comprender que eran principios para alcanzar la felicidad.

También tuve la oportunidad de reflexionar sobre cada una de las leyes y encontré la forma de relacionarlas conmigo y con mi experiencia de vida.

Una de las revelaciones que me pareció más impactante fue la ley de invertir, porque estaba acostumbrada a asociar la inversión con la bolsa de valores, pero nunca con el conocimiento de mi ser. ¡Le encontré mucha lógica cuando me llegó! Supongo que sentirás algo parecido cuando leas sobre las distintas leyes.

El camino hacia el interior para explorar el método de la simplicidad y las leyes de la existencia no solo conduce a la expansión del alma sino que es revelador y está lleno de significado. Nos guía para reconocer lo que somos, nuestra dualidad, las cualidades que encarnamos, y cómo nos relacionamos con la vida en nuestra condición de ser. Por medio de la meditación y de mi trabajo con los mensajes canalizados de los Maestros de la Verdad, me he convertido en un ser más consciente, en una persona que desea permanecer conectada con el corazón y vivir desde el corazón. He integrado la verdad de que esta es la fuente de mi poder para crear las realidades que deseo vivir. El poder creativo reside en el corazón.

Otra ley que me dejó atónita fue la ley del ahora. Estar presente era un concepto que ya conocía y que por mucho tiempo había tratado de lograr en mi vida cotidiana. Lo que más me impactó de la forma como los Maestros de la Verdad presentaron la ley del ahora fue cuán fácil la hacían parecer.

El presente es la puerta por la cual podemos acceder a nuestro auténtico ser. Cuando estamos presentes podemos experimentar la realidad desde una experiencia sin límites. El presente es el espacio interior de donde surgen posibilidades infinitas y donde disminuye el sufrimiento. Te invito a ensayar la técnica que ofrezco en el capítulo 5 para permanecer en el ahora y mantenerse presente.

Con la revelación de la última ley de la existencia, la ley de la grandeza (véase el capítulo 15), me quedó claro que la grandeza es en nuestra vida el máximo resultado del proceso de expansión. A medida que crecemos para ser cada vez más conscientes, acogemos nuestra dualidad humana y las cualidades que son mejores para nuestro bienestar y el de los demás. Progresivamente damos pasos en forma de decisiones positivas y acciones que nos nutren, que nos hacen sentir plenos con nuestra visión de la realización. Vivir desde el corazón en consonancia con los principios de la creación y con la claridad de que somos parte del todo nos permite adquirir naturalmente la capacidad de experimentar nuestro ser más grandioso y evolucionado.

Una invitación

A medida que trabajes con el material de este libro, te invito a que seas testigo de tu propio proceso de evolución. Te pido que destines periódicamente un tiempo a la introspección por medio de diversas prácticas como el silencio, la contemplación, la meditación y la oración, para que permitas que despierten y florezcan las cualidades verdaderas de tu espíritu, como la intuición. Con el tiempo, eso te ayudará a vivir con mayor facilidad, veracidad y propósito. Cuando menos, sabrás que eres parte del todo y te apropiarás de tu experiencia.

Hay una relación directa entre las trece leyes de la existencia y los principios y las dinámicas de la naturaleza. También tienen una conexión con la existencia humana. En mi proceso de realización y búsqueda de la felicidad he aprendido a respirar, a soltar, a equilibrarme, a amar, a cuidar la naturaleza, a dar y recibir, a acoger aquello que difiere de mi verdad y, por encima de todo, a vivir desde mi corazón con amor y libertad y no con limitación y miedo. Ahora, con la guía de los Maestros, comprendo que el propósito de estas leyes es ayudarnos a lograr una vida equilibrada, feliz y fluida, plena, una vida que descansa en la simplicidad.

TRES

LA LEY DE EXISTIR

¿Qué desean compartir hoy conmigo, Maestros?

LA VOZ DE LOS MAESTROS:

Amor infinito y el secreto de la ley de existir.

Une a las personas mediante la enseñanza de esta ley. Es el secreto que trae felicidad y evolución a la raza humana. Enséñales a amar y respirar, a cuidar y vivir, a disfrutar y, por encima de todo, a existir desde el corazón, la magia y el amor.

¿Qué es la ley de existir?

Sencillamente existe y experiméntate a ti misma desde cada una de tus células hasta la dicha del corazón, y desde allí hasta el alma. Existir es sinónimo de libertad, es amor en acción. Es la unión de todas las leyes en pro de un propósito superior. La existencia es algo que se extiende desde aquí hasta el cosmos y desde el cosmos hasta la eternidad.

Apreciar es la clave de existir y su voz es la gratitud. Permite que tu voz agradecida resuene con el resto de tu ser y con la eternidad. Ella reinará y lo llenará todo.

Entendamos la simplicidad como una forma de ser, como un modo de relacionarnos unos con otros. Respira. Así de simple y fácil es resonar con todo lo que haces.

Lleva este mensaje al mundo y el mundo crecerá en el amor y se regocijará.

¿Cuándo debo comenzar a llevar esto al mundo?

Existir es un continuo. Es una fuerza. Ocurrirá. Perdurará.

Todos los días existes con cada respiración.

CUATRO

LA LEY DEL AMOR

Aquí estoy. ¿Qué tienen en mente hoy?

LA VOZ DE LOS MAESTROS:

Amor. Solamente amor para dar, solamente amor para recibir. Siente la fuerza del universo combinada con tu intención y deseo de marcar una diferencia. Eres nuestro amor. Eres la elegida para el bien; el bien de todos y para todos.

¿Cómo me eligieron?

Por amor.
Abre tus ojos al cielo. ¿Qué ves?

Veo formas en las nubes. Veo movimiento, vida en movimiento. ¿Qué debo entender con eso?

Facilidad y fluidez. Todo es transitorio. Comienza y termina de manera natural. Es el proceso de existir. No tienes que esforzarte, sencillamente existe. Sé vida, sé fuerza, sé amor.

Sal y mira a los demás a los ojos. Reconoce la verdad y ella reinará. Te enseñará más sobre ti misma y tu propia verdad y tu propio amor. Reconoce en tus debilidades el regalo que te ayudará a crecer y amarte a ti misma.

Este es el comienzo de tu hermosa misión. Hay grandeza para todos. Enseña amor, sin mirar a quién, sin importar cuándo. Sé el amor. Siéntelo y sigue tus impulsos.

Lo que dices y lo que haces desde tu corazón está bien, es sencillamente amor en movimiento. Hazlo, hazlo.

No pienses, no te juzgues por ser amor y seguir los impulsos de tu corazón. Tus enseñanzas sobre las leyes de la existencia son un regalo para los demás, un regalo de parte nuestra y de parte tuya. Eres la fuente y también el manantial. Somos uno y uno para todos.

Gracias por mostrarme la senda, por revelarme el camino y la misión con tanta claridad y con tanto amor.

LAS LLAVES DEL AMOR Y LA FELICIDAD

El amor es la luz del alma y la música del corazón. Exprésalo con la verdad, vívelo con alegría y se traducirá en la sonrisa del mundo. Siéntelo y entrégalo. Es la fuerza más grande de todo y para todo. Espárcelo en gotas de risa y alegría.

Apuesta en tu corazón y gana en tu alma.

Llévalo a tu mente y conviértelo en tu forma de pensar.

La verdad está en tu corazón, no en tu cerebro. Solo quienes crecen en el amor conocen esta verdad.

Es sencillo: cierra tus ojos y respira. Siente la magia de la vida dentro de tu corazón y difúndela para gozo y alegría del mundo. Exhálala hacia el mundo en forma de amor y polvo Divino.

¿Qué más para esta mañana?

La alegría de vivir.

¿Qué es?

Báñate en tu propio amor y aun así tendrás suficiente en tu corazón para compartir, dar y gozar con los demás. El amor es un ciclo de energía, un entrelazamiento de vidas, y es gozo.

¿Qué doy hoy?

Abre los ojos y lo verás. Abre tu corazón y lo sentirás. Abre tus poros y penetrará por ellos.

Entonces, ¿estar presente?

Sí, en el ahora y en la eternidad. Entra en comunión con todo el mundo, sin hacer distingos de raza, color, posición, género o conocimiento. Una familia de amor y para el amor. De eso se trata la vida verdadera, de abrazarnos todos en la unidad —una familia de almas en evolución hacia el amor y la unicidad—.

Aprende. Estamos dándote sabiduría para compartir y para que guíe tu vida, pero con humildad. Somos tus iguales de alma, chispas de la luz Divina. Algunos la hacen crecer, otros menguar, pero la chispa proviene de la misma fuente. Esto se aplica a todos.

Ve a meditar y ábrete al amor.

CINCO

LA LEY DEL AHORA

LA VOZ DE LOS MAESTROS:

Cierra los ojos y respira. Lleva tu atención a la frente, encima de los ojos y permite que un manantial de paz te envuelva, penetrando cada una de tus células y cada aspecto de ti misma. Inhala y exhala. Mantente presente y consciente.

El ahora es el único momento de la existencia. Es paz.

En el ahora no hay sufrimiento, no hay *alter ego*, ningún otro estado diferente del de alegría y paz.

Vive cada instante del ahora y entrégate a ese ahora con confianza. Cada instante del ahora encierra oportunidades ilimitadas y extraordinarias para crear, para experimentar realidades diferentes.

¿Cómo funciona el ahora?

Por medio del pensamiento.

¿Y cómo limito mis pensamientos al momento presente?

Trazando líneas paralelas con tus ojos. La de la izquierda es el pasado y la de la derecha es el futuro. Sitúa tu visión en el medio y concéntrate solamente en el objetivo de la conciencia. Ese es el ahora. Mediante la concentración intencional estarás en el ahora.

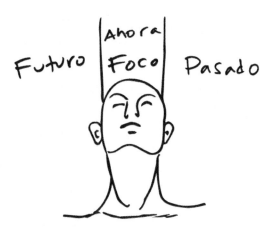

El ahora se proyecta hacia la eternidad, y la eternidad prevalecerá siempre. Es el todo y la totalidad. Es el vacío y el espacio. Es la nada y el todo. Es amor.

Este es uno de los métodos que puedes utilizar para permanecer en el momento presente durante la meditación, el silencio o la práctica de la respiración consciente.

LAS LLAVES DEL AMOR Y LA FELICIDAD

¿Tienen un mensaje personal para mí, amados Maestros?

Sonríe por todo y por encima de todo. Fluye con facilidad y respira en silencio. Cada quien tiene su camino y tú el tuyo. El viaje es de cada quien.

¿Cómo puedo verlos ahora?

Cuando haya menos interferencias entre nuestras energías. Por la noche, cuando haya menos personas operando sus dispositivos.

¿Cómo sabré que son ustedes?

Por la paz en tu alma, el amor en tu corazón y el bienestar en tu piel.

¡Qué maravilla, eso es dicha!

Y por tu sentimiento de amor infinito hacia todo.

Gracias, gracias. ¡Los identificaré por el amor! ¡Estoy llena de asombro! Saber es fácil bajo la guía de ustedes, Maestros de la Verdad. Son espectaculares. Confío en que me guiarán durante todo el camino.

Sí, respira y confía. Nos hemos encargado de todos los detalles. La grandeza de tu corazón podrá asumir este compromiso y muchas más cosas, alma llena de gracia.

Contagia hoy amor y alegría, escucha con atención y serás testigo de la magia. Brilla y ama, respira y ama.

SEIS

LA LEY DEL NO ESFUERZO

LA VOZ DE LOS MAESTROS:

Integra en tu vida cotidiana la ley del no esfuerzo y confía en todo el mundo, en todos los aspectos, en todos los momentos de tu día y de tu vida. En confiar está la diferencia en el proceso de vivir, el proceso de existir.

La vida es sencilla, recíbela como se te presente y te asombrarán y te sorprenderán su complejidad, grandiosidad y orden. Este orden pone a tu alcance la vida y todo su potencial en la medida en que comprendes tu origen y te sintonizas con las fuerzas y el fluir de la creación.

Danza al ritmo de la vida, conectándote con tu corazón. Siente desde allí, crea desde allí y vive desde allí, independientemente del movimiento constante a tu alrededor. Mantente conectada con tu presencia y acoge tu realidad a través de la conciencia.

LORENA GODOY

No controles, *fluye.*
No te resistas, *déjate llevar.*
No juzgues, *recibe y acoge.*

SIETE

LA LEY DEL ORDEN Y LA REORGANIZACIÓN

LA VOZ DE LOS MAESTROS:

La ley del orden y la reorganización consiste en que todo en la existencia cambia, se transforma y evoluciona. Va y viene buscando el equilibrio. Un rompecabezas de interacciones nos ayuda a ganar lo que hemos perdido y a vivir en la gracia del orden y de lo Divino.

Así es desde el átomo hasta el cosmos y más allá.

¿Cómo podemos practicar y aplicar esta ley?

Respiren e invoquen la luz en forma de orden en el nivel celular. Imaginen y sientan cómo ocurre el orden. Recorran todo su cuerpo con su energía, como haciendo un barrido. Visualicen la luz recorriendo las células con intención, *hacia arriba y hacia abajo, hacia arriba y hacia abajo nuevamente.* Es como un barrido de energía que lleva el orden divino. Es el corazón y el espíritu de Dios, del Universo, y del todo.

De esa manera conseguirán orden, equilibrio y salud, serenidad y alegría, consuelo y amor.

El amor comienza con el yo interior. Con ese único yo de cada quien capaz de recibir la luz y el amor de la Divinidad.

Al llevar la luz a todo el cuerpo se protegerán contra el desorden y la enfermedad. Ese barrido de luz es la oportunidad para restablecer el equilibrio y reconocer el privilegio de tener un cuerpo.

Además, llénense de gratitud. Hoy, hagan un alto y respiren varias veces durante el día. Miren a su alrededor y reconozcan la Divinidad en los demás. La sentirán. No juzguen. Solo amen y existan en armonía. Estarán donde están la luz y la expansión.

Reúnanse, compartan esta práctica, mediten al unísono y estén presentes los unos para los otros. Escuchen con atención, con todo el corazón abierto a los demás. No juzguen ni hagan por el otro. Todos somos sabios y estamos evolucionando hacia la grandeza. Hay un tiempo y un momento para todos y cada uno de nosotros.

Respiren y permitan tiempo para todo y para todos. Ámense los unos a los otros. Ustedes son una familia de almas hermosas que están juntas para lograr el propósito de

LAS LLAVES DEL AMOR Y LA FELICIDAD

la felicidad. Comprender su propósito es parte de su evolución y de su aprendizaje en este viaje de la vida.

Salgan y sean ustedes mismos. Sean amor. Sean alegría.

OCHO

LA LEY DE LA ACEPTACIÓN

LA VOZ DE LOS MAESTROS:

La ley de la aceptación consiste en ser lo que son realmente y experimentarlo todo tal como es; no tratar de cambiar ni oponer resistencia a ningún aspecto de ningún acontecimiento o de su propio ser. Ese es el momento de la aceptación.

Cuando aceptan las cosas y las personas tal cual son, se deshacen de la necesidad que tiene la mente de controlarlo todo. Es allí donde cruzan la delgada línea que los separa de la verdad auténtica de lo que son, que es también la verdad del otro. Es el momento exacto en que aceptan realmente. Es cuando pueden verse en los demás, tal como son, con lo bueno y lo malo. Es ser uno con el otro, en la unicidad.

La aceptación se refiere a comprender la esencia de la vida, el misterio de la existencia, la belleza del yo y la grandeza del corazón.

Tan pronto entran en contacto con su corazón, pueden aceptar y estar en comunión con el otro, en la unidad.

Empéñense deliberadamente en ver en el otro lo bueno que buscan y desean para ustedes mismos. Creen para el otro la felicidad, lo bueno, y los tesoros del corazón que desean para ustedes mismos.

NUEVE

LA LEY DE DAR

LA VOZ DE LOS MAESTROS:

La ley de dar exige desprenderse del ego, del yo humano. Libera de la necesidad de controlar los propios dones para poder gozar de ellos con el corazón y entregarlos a los demás. El acto de dar amor conlleva la fuerza de la inspiración y el impulso hacia la plenitud interior. Dar no implica esfuerzo cuando sale del corazón.

Entren en sintonía con su esencia, descubran sus dones y compártanlos con gentileza y generosidad para la realización común. La ley de dar se relaciona con el principio del infinito, con el deseo desbordante de compartir, realizar y crear.

¿Crear qué?

LAS LLAVES DEL AMOR Y LA FELICIDAD

Alegría en el corazón, plenitud en el yo, gloria en el alma, y tranquilidad en el todo.

¿Cómo funciona esta ley?

Abren su corazón y reconocen un talento o un don que poseen y lo comparten para el bien de otros, no porque los consideren necesitados. El acto de dar es más poderoso y significativo cuando va dirigido a una persona porque se ha percibido su potencial interior en vez de su carencia o escasez.

Si hacen un obsequio material, ofrézcanlo con propósito y con el corazón, honrando el bien y el potencial de alegría y realización del otro, en lugar de reservar esos sentimientos para sí mismos. La ley tiene que ver con la dicha y la alegría y con poder experimentar también la alegría y la gratitud de quien recibe su obsequio.

Entregarse en presencia verdadera a los demás genera sinergia y comunión con ellos. En este caso, lo mismo que con las otras leyes, los objetivos máximos son la unicidad, la paz y la dicha.

¿Cómo podemos dar esas cosas?

Mediante el amor y la compasión.

DIEZ

LA LEY DE RECIBIR

LA VOZ DE LOS MAESTROS:

La ley de recibir consiste en abrir el corazón a la gracia de Dios y de lo Divino, y sentirse dignos, y también multiplicar sus bendiciones para los demás.

Por ejemplo: si reciben una bendición, den el doble. Si reciben dos, den cuatro. Recibir es el principio de duplicarlo todo. Recibir es el otro lado de dar y el reflejo de muchas imágenes que se proyectan y existen al mismo tiempo en planos y dimensiones diferentes.

Abran su corazón y recibirán. Liberen la mente de la limitación para que puedan apreciar lo que reciben.

Develen el alma y se sentirán dignos de recibir los dones de la vida. La ley del recibir está en consonancia con el principio del movimiento de las cosas en la naturaleza.

LAS LLAVES DEL AMOR Y LA FELICIDAD

Recibir comienza por saberse dignos. Dejen de lado las emociones y las creencias que los limitan y les impiden vivir una vida de conexión verdadera, de amor y libertad interior. Abrirse a lo nuevo y a la renovación requiere deshacerse de lo negativo y acoger las cualidades positivas del yo: el amor propio, sentirse merecedores, la paz, la alegría, la gratitud y la valentía del corazón. Las bendiciones empezarán a llegarles cuando acepten que son personas valiosas.

Para recibir, sentirse merecedores es la entrada, el portal; la abundancia, la fuerza sostenible; y la gratitud, la llave.

ONCE

LA LEY DE RECICLAR

LA VOZ DE LOS MAESTROS:

En la creación, en la existencia, la abundancia es inagotable; pero cuando la dimensión humana impone limitaciones mentales es necesario multiplicar lo que se les ha ofrecido generosamente.

¿Cómo lo multiplicamos?

Reciclando. De esa forma generan más abundancia y oportunidades e imparten más vida a aquello que ya está vivo.

La existencia se creó para que la disfruten. Los océanos, las tierras y las especies animales estarán seguras y se nutrirán de su conciencia y cuidado. Reciclar es una forma

LAS LLAVES DEL AMOR Y LA FELICIDAD

de expresar amor y gratitud al mundo natural que les ha brindado sustento.

DOCE

LA LEY DEL SERVICIO

LA VOZ DE LOS MAESTROS:

El servicio es una vocación del corazón. En el servicio desinteresado radica la dicha de un corazón generoso y de una persona altruista. Para servir a los demás la persona debe primero amarse a sí misma y reconocer la esencia y las cualidades de su corazón, pues son estos los aspectos que definen al ser en su integridad (mente, cuerpo y alma). Cuando se conectan con su corazón, el deseo de dar y compartir aquello que les da alegría de vivir y los hace sentir merecedores se expresará automáticamente como vocación de su alma. Quienes comprenden el poder de su corazón reciben las recompensas de servir a los demás sin esperar reconocimiento ni nada a cambio.

Servir es tener un corazón abierto y sincero y una mente que sabe acoger, en donde todo es uno y el uno lo representa todo. Todas las personas a las que dan son iguales. En la mente del que sirve no hay distinciones ni definiciones por color, género, posición o función. Es el alma sabia y generosa la que da abierta y libremente para generar unidad y una fuerza más grande. Es el acto de dar desinteresadamente el que nos incluye a todos y funciona para el bien de todos.

TRECE

LA LEY DE INVERTIR

LA VOZ DE LOS MAESTROS:

La ley de invertir dice que si invierten en sí mismos les llegarán las respuestas que buscan. Llegará el conocimiento y habrá crecimiento.

Esta ley insta a conocer y explorar las profundidades del ser para poder reconocer sus aspectos y aceptar sus debilidades y fortalezas.

El ser encuentra su sustento en el principio de la quietud, tal como ocurre en la naturaleza. Si experimentan su silencio interior, sin el ruido de la mente y sin los estímulos físicos de los elementos del mundo material, podrán conocerse y experimentar la unicidad.

Invertir en sí mismos significa permitirse, periódicamente, momentos de comunión con su verdadera esencia. Es un tiempo que deben destinar a conocerse y a integrar la existencia misma.

Sumérjanse en los dones del corazón, en la sabiduría del alma, y tengan la seguridad de que la verdad vive en su interior, en su ser verdadero y divino.

CATORCE

LA LEY DE LA EXPANSIÓN

Divinos Maestros, estoy para seguir su voluntad y sus órdenes, lista para recibir más enseñanzas sobre las leyes secretas de la existencia. ¿Qué desean mostrarme o darme ahora?

LA VOZ DE LOS MAESTROS:

Mucho amor.

¡Gracias! ¿Qué conocimiento desean revelar ahora?

La ley de la expansión se refiere al movimiento de la energía o de las frecuencias del ser hacia la realización de su grandeza.

Entran a formar parte de la evolución con una fuerza interior que los impulsa hacia el crecimiento. La conciencia tiene solamente dos propósitos. El primero es crearse una y otra vez en el ahora eterno. El segundo es experimentarse a sí misma como creadora de todo y permitir la existencia de todas las potencialidades.

¿Entonces la expansión es la conciencia en movimiento?

En cada instante del ahora y en la eternidad de la existencia.

¿Entonces la ley de la expansión es el crecimiento permanente del ser en cada instante del ahora de su existencia hacia la eternidad o la conciencia?

Mediante la ley de la expansión experimentan la eternidad de la conciencia en el ahora.

¿Entonces la conciencia está directamente relacionada con la ley de la expansión del ser?

Sí. La experiencia del ser en cada instante del ahora es lo que causa la evolución. Cada una de las experiencias se percibe en la conciencia, que es donde todo existe en el ahora eterno de la vida. Solamente mediante la expansión puede el yo percibir su potencialidad completa en el ámbito de la existencia. Tiene a su alcance todas las posibilidades de la existencia para lograr la mayor grandeza del ser en la conciencia. Esa es la evolución máxima del ser.

El orden y el equilibrio llevan a la expansión. Ordenen sus sistemas y equilibren sus mentes y sus cuerpos para que puedan expandirse y alcanzar su pleno potencial. Su pleno potencial se manifiesta en el amor por sí mismos y por los demás, en la compasión, la armonía, la plenitud, la unidad, la grandeza y la apertura. La ley de la expansión imprime grandeza y bien en el todo.

Es muy interesante, Maestros. ¡Cuán vasta y magnífica es la creación!

Sí, ¡lo mismo pasa con el ser cuando alcanza su pleno potencial y su grandeza!

Logren la expansión en sus corazones y sus mentes con el conocimiento evolutivo y expandan la capacidad de sus cuerpos valiéndose de los dones de la naturaleza y de la ciencia.

Gracias.

Descansa, amada.

QUINCE

LA LEY DE LA GRANDEZA

LA VOZ DE LOS MAESTROS:

Incorporen la meditación en su vida diaria, en su viaje de expansión, en su proceso de existencia.

No dejen de abrazar sus cualidades humanas a medida que evolucionan hacia un estado más consciente del ser. Vivan desde su corazón, en consonancia con los principios de la creación. Si comprenden que son parte del todo, entonces experimentarán de manera natural su ser más grande y evolucionado. La grandeza será el producto final de su proceso de expansión.

Cultiven el asombro y podrán interactuar con nosotros. Obtendrán los dones y la alegría. En la experiencia de su grandeza podrán alcanzar la iluminación.

¿En qué consiste la ley de la grandeza?

La ley de la grandeza dice que el corazón alcanza la realización cuando se dejan guiar en la visión de su verdadero yo por su naturaleza divina y la lucidez de sus mentes. Todo emprendimiento humano encaminado a la expansión del ser y cuyo motor sea la paz interior y su objetivo la realización, se traducirá en crecimiento.

El elixir secreto del crecimiento es ser humildes, estar libres del ego y de la necesidad de existir. La grandeza no requiere esfuerzo; ocurre de manera orgánica en quienes buscan diariamente el amor y la paz, la sabiduría y la unicidad.

SEGUNDA PARTE

EL LIBRO DE LAS REVELACIONES

EN ESTA SEGUNDA PARTE encontrarás 93 mensajes breves para una vida sin tropiezos y llena de felicidad y realización. Puedes leer y trabajar con este material de varias formas. Primero, puedes leer todos los mensajes en orden, como se presentan, y familiarizarte más con las leyes. De esa manera tendrás la oportunidad de integrar la energía. En otro momento quizás quieras abrir el libro en una página al azar (o elegida para ti por la Divinidad) y tratar de comprender lo que el mensaje encierra para ti en ese momento.

Los Maestros de la Verdad del Amor y la Felicidad son seres divinos cuyo propósito es ayudarnos a trascender, proceso que comienza con la autorrealización y las vivencias de unicidad y libertad, y el desarrollo de un colectivo humano más consciente.

DIECISÉIS

LA FELICIDAD

Amados Maestros del Amor y la Felicidad, ¿qué mensaje tengo el privilegio de recibir hoy?

LA VOZ DE LOS MAESTROS:

Queremos hablar de la felicidad.

La felicidad es una fuerza de paz interior y alegría colectiva, un sentimiento compartido de gratitud y amor que reside en los corazones de las personas, las familias y en comunidades enteras. Es una fuerza grande de luz y realización que sale del corazón de quienes comprenden la simplicidad de la existencia; y es para aquellos que comprenden hasta qué punto la vida no exige esfuerzo cuando se vive desde el corazón con liviandad y sin resistencia.

Dejen que la naturaleza sea su maestra. Si siguen los principios de la naturaleza, podrán alcanzar fácilmente la felicidad, el equilibrio, la fluidez y la unicidad. Estos principios les ayudarán a adaptarse y a fluir con los cambios que la vida les presenta.

Por ejemplo, la naturaleza recicla sus materiales para restablecer el equilibrio y recuperar el orden y la limpieza. Los árboles tienen sus raíces bien plantadas pero son flexibles. El suelo que los nutre es como la madre que amamanta a su bebé. El viento porta conocimiento, sabiduría y oportunidades para crear resiliencia en quienes sienten su caricia. Si se permiten disfrutar la quietud en presencia del sonido del viento, podrán oír la voz de su yo superior hablándoles por medio de la intuición de su corazón, de destellos de creatividad y de las respuestas a sus inquietudes. Los ciclos y los procesos de la vida en su planeta se rigen por principios perfectos.

Sean felices por todos los medios. Sus corazones lo desean profundamente y sus mentes alcanzarán la paz. Busquen la felicidad todos los días, entréguenla en cada aliento y siéntanla en cada parpadeo de sus ojos.

DIECISIETE

EL SILENCIO

LA VOZ DE LOS MAESTROS:

El silencio es el hogar de los prudentes, el arma de los humildes y el instrumento del maestro. Quienes experimentan el silencio diariamente en contemplación, meditación y quietud tienen una vivencia más profunda de amor, paz y libertad.

Aquieten sus sentidos un instante y sientan cómo es estar libres del ruido de la mente, del ruido del mundo exterior. Libérense del ruido del colectivo.

Sean auténticos. Libérense del deseo o la "necesidad" de que los defina el colectivo. Libérense de las expectativas de los demás —sus padres, sus cónyuges, o sus hijos—. Sean la versión más grande, más amorosa y más sabia de su propia persona.

Midan su felicidad por cuánta paz interior sienten. Conocen esa sensación de estar a gusto, de estar en el sitio correcto y en el momento indicado para cumplir con un propósito de bien.

El silencio les ayudará a experimentar el amor que llevan dentro para que puedan mostrarlo y esparcirlo en forma de chispas de luz.

DIECIOCHO

LA FLEXIBILIDAD

LA VOZ DE LOS MAESTROS:

Queremos hablarles de la flexibilidad del pensamiento y su punto de vista sobre la vida.

Acepten cada palabra, cada opinión, cada pensamiento y a cada ser como una fuerza diferente, como otra expresión de la vida. Su mundo es un mundo diverso y en él hay espacio para todo y para la totalidad del todo. Tengan un corazón magnificente y acepten la diversidad de pensamiento, colores, ideas, experiencias y procesos. Es hora de que los seres humanos convivan en un mundo de comprensión, tolerancia y amor, un mundo de respeto e inclusión, para que puedan compartir los regalos del planeta que es su hogar, y puedan vivir en mutua paz y tranquilidad.

Su mundo avanza hacia el reino de los evolucionados, el reino de los Maestros del Amor y de los seres libres.

DIECINUEVE

EL AMOR POR ENCIMA DE TODO

LA VOZ DE LOS MAESTROS:

¿Qué tienes en mente hoy? ¿Qué hay en tu corazón?

Sentimientos gloriosos de gratitud por todo, por la creación, por las bendiciones que he recibido y por los seres queridos que me acompañan. Veo la luz de Dios como un manto de sabiduría y apoyo que nos cubre de amor.

El viaje está a disposición de quienes buscan, y solo quienes ven y sienten el llamado de buscar la verdad se embarcarán en el viaje hacia la felicidad y la grandeza, una grandeza para el bien de todos.

No juzguen. Acojan a los demás para alcanzar la unidad de mente, cuerpo y espíritu. Vivan desde el corazón y experimenten la sabiduría de la luz a través de sus ojos, los ojos del ser.

Todas las mañanas, al iniciar el día, cierren los ojos y siéntense en silencio. Experimenten su ser. Disfruten de la savia de la vida por medio de la paz y el amor que viven en su interior. Sientan la alegría que los acompaña.

Miren siempre más allá del firmamento de la mente y el ego. Así podrán alcanzar la iluminación y reconocer la verdad de cómo vivir la vida —con amor, felicidad y alegría en el corazón—.

Sientan gratitud todos los días, sientan alegría ante lo que la vida les presenta. Son regalos de la vida para que evolucionen y puedan experimentar la sabiduría del ser, la certeza de su yo verdadero.

Por medio de mis ojos puedo ver la realidad y la humanidad del ser que se refleja en cada rayo de luz, en cada expresión de la creación y en cada ser vivo. Me regocijo en la inmensidad de la vida que me ofrece toda clase de obsequios para disfrutar. Amo sumergirme en su sabiduría y crecer en ella.

Cuán maravillosa y magnífica es la vida cuando se ve a través de los ojos del ser. Sumérjanse en el misterio y la sabiduría del ser. Adéntrese y disfruten las maravillas que residen en su interior. Reconozcan su infinita sabiduría y sus cualidades divinas. Compartan esas cualidades en cada encuentro, en cada respiración y a cada paso que den. Borren de su vista las nubes que no les permiten ver la luz ni experimentar la verdad.

¡Sumérjanse y disfruten la belleza interior y la alegría que vibra en cada una de sus células!

No impongan condiciones a nadie. Sencillamente disfruten la compañía de las demás almas que recorren el camino con ustedes. Muestren solo simpatía hacia quienes los acompañan en su viaje. Todos somos iguales y evolucionamos para la grandeza del ser.

VEINTE

EL DECLIVE DE LA VIDA

¡Hola! Bienvenidos a mi vida, Maestros de la Verdad del Amor. Gracias por su presencia. ¿Cuál es el tema de esta noche?

LA VOZ DE LOS MAESTROS:

El declive de la vida.

Todo en la vida está en proceso de transformarse de una existencia a otra. Los seres humanos deben aceptar la vulnerabilidad de la existencia misma. Nacen y mueren, pero ¿qué pasa entre una cosa y otra?

El proceso que se desenvuelve entre esos dos puntos es el viaje de la vida, el proceso de evolucionar hacia otro estado de energía por fuera de la materia. Cuando este proceso se mira desde el punto de vista de la materia, con la mente del ser humano, el resultado es el sufrimiento. El sufrimiento es una percepción que se deriva de ver la vida desde el punto de vista de la limitación y la pérdida.

¿Cómo superamos el sufrimiento asociado a la muerte? ¿Cómo manejamos lo que sentimos respecto del fin inevitable de nuestra existencia material?

Comprendiendo la dualidad del ser. El ser humano es a la vez materia y energía. La energía del alma está siempre presente. Aunque la materia se desvanezca, el alma permanece. Lo que ocurre es una transformación hacia otro estado o forma de expresión.

¿Cómo conectamos esto con las leyes del universo que ustedes nos han enseñado?

La transformación se inicia por causa y efecto. La ley de existir y la ley de la aceptación les ayudarán a manejar el sufrimiento asociado con la muerte.

El sueño es parte de la experiencia de la muerte, es como morir todos los días. Cada vez que duermen se sumergen en la nada. Entran en el vacío eterno del ahora donde coexisten la unidad, la unicidad y el amor.

VEINTIUNO

LA PÉRDIDA

Aquí estoy nuevamente, dispuesta a acoger su presencia y enseñanzas, Maestros del Amor. ¿De qué quieren hablar hoy?

LA VOZ DE LOS MAESTROS:

El sufrimiento de quienes deben enfrentar la muerte de un ser querido. Entrar en consonancia con las leyes de la existencia y el método de la simplicidad les permitirá procesar y comprender la muerte. La muerte es intrínseca a la vida humana. Es inevitable. No dejará de ocurrir. Ocurre todo el tiempo. Todas las células del cuerpo se dividen constantemente para formar nuevas células y luego mueren.

¿Por qué algunos niños mueren a una tierna edad?

Es parte de su proceso.

¿Cuál proceso?

El ciclo de la vida.

¿Elegimos esos ciclos nosotros mismos?

Sí. Por evolución. Por propósito y misión. Una vez lograda la misión planeada para esa vida en cuestión se habrá logrado la evolución prevista.

¿Tenemos más de una oportunidad para alcanzar un propósito o una misión?

Sí. Para la grandeza del alma.

¿No es suficiente para el alma la realización de un solo propósito o una sola misión?

Sí y no. Las almas están conectadas al colectivo y siempre hay una mezcla de energías entre las almas. Ellas se comunican y piden ayuda a otras almas que, aun si ya están realizadas y contentas con su existencia y no tienen ya necesidad de evolucionar, se ponen al servicio de otras almas. De esta forma, las almas ligadas entre sí pueden lograr la evolución del todo.

La humanidad está conformada por familias, comunidades y naciones de almas que comparten un único propósito: alcanzar la grandeza, la armonía, el amor y la paz.

Maestros, esto me asombra y me parece muy profundo puesto que no he experimentado la muerte.

Sí, amada alma, lo sabemos, pero cuando llegue ese día, te sentirás llena de esperanza y paz. Comprenderás el proceso y las razones de tu existencia. ¡La transformación de un estado en otro ocurrirá con facilidad!

¿Entonces no hay sufrimiento en el momento de abandonar la Tierra, de decir adiós a la vida humana?

No. Sencillamente abandonarán un templo. Partirán con gratitud. Hasta las personas inconscientes parten con gratitud porque sus almas saben que ha llegado la hora de cambiar de estado, bien sea porque su misión está cumplida o porque necesitan ayudar a otra alma con su evolución y aprendizaje en alguna otra parte.

¿Quién está a cargo de este sistema perfecto de los ciclos de las almas y de las familias de almas?

Las cualidades y el poder interior de cada alma. Juntas, las almas crean una fuerza colectiva de inteligencia capaz de crear una y otra vez. La fuerza superior que los humanos llaman Dios es la fuerza de todas las almas que trabajan juntas en sus distintos estados de evolución. La creación es una matriz de energías que se complementan entre sí para el bien de todos. Es equilibrio perfecto, armonía y unicidad.

La vida es preciosa. La vida lo es todo. Ustedes existen para experimentar los opuestos, los complementos, lograr el dominio propio y expandirse a la grandeza del verdadero ser. ¡Gocen el proceso!

VEINTIDÓS

LA SEPARACIÓN

¡Estoy aquí, Maestros, dispuesta a recibir su guía, presencia y amor! ¿Qué tema desean explorar hoy?

LA VOZ DE LOS MAESTROS:

La separación.

¿Qué clase de separación?

La separación del verdadero ser —el ser de la unicidad— imbuido de poder por el amor y por las leyes de la existencia.

El sufrimiento en la vida comienza cuando se desconectan de la energía primordial del ser verdadero. Al dar precedencia a las necesidades del cuerpo y del ego por encima de las del alma, se pierde la alineación con el ser verdadero y se inicia el desorden. El desorden comienza en las células, los tejidos, los órganos y la psiquis. Comienzan entonces a no entender la dinámica de sus procesos intrínsecos y es allí cuando se desata el caos en la mente, el cuerpo y el corazón.

¿Qué podemos hacer para sanar la separación?

Respirar, hacer silencio, sentir el ser interior, que es el estado de conciencia superior de la paz eterna y la conexión con el todo. Cuando comprendan que son uno con todo lo demás y que todo está interconectado en la matriz, en la conciencia misma, podrán fluir. Permitan que su esencia infinita, su conciencia divina, dirija su existencia y así la vida fluirá fácilmente y sin tropiezos.

El todo está contenido en la misma matriz, en perfecta correlación y perfecto equilibrio para bien de todos los elementos que la componen. La retroalimentación dentro de la matriz, y que perpetúa la matriz, es un flujo y reflujo de energías cuyo único propósito es expandirse y alcanzar un mayor orden.

La expansión y la existencia de la materia son imperecederas.

¿Cuáles son las consecuencias de esa separación que mencionan?

LAS LLAVES DEL AMOR Y LA FELICIDAD

La disociación del verdadero ser. La disociación de los demás. La disociación de su propósito. La disociación de la vida misma.

La separación trae sufrimiento y satisfacción a la vez. Deja una sensación transitoria de satisfacción. Al esconder el malestar profundo de su corazón, los seres humanos se adormecen y en ello encuentran un alivio temporal; pero ese adormecimiento es la fuente del sufrimiento que daña la mente, el cuerpo y el corazón. Con la separación se convierten en una especie de guerreros que luchan en contra de su propia felicidad y propósito.

Si generan basura mental, con el tiempo esta puede convertirse en una enfermedad mental grave y hasta en un deseo de poner fin a la vida, de separarse del cuerpo mediante el suicidio.

¿Cómo podemos enfrentar esto con tiempo suficiente para salvar vidas?

Cultivando el amor incondicional, el amor por sí mismos, y viviendo con propósito. La fuerza de voluntad también desempeña un papel al momento de enfrentarse a ese deseo de separación. La voluntad y el deseo de existir y vivir en alineación con el verdadero ser deben ser más fuertes que la sensación de separación y sufrimiento.

Ensayen esta práctica para lograr el estado de confianza en el ahora. Lleven su atención al espacio entre sus ojos y proyecten allí su voluntad de vivir y de alcanzar la felicidad, la evolución y la unicidad hasta los confines de la imaginación. Esa visión les traerá paz y les ayudará a restablecer el equilibrio.

El estado natural del alma es la serenidad. Desde allí podrán fluir hacia patrones más complejos de vida y existencia.

La vivencia de la complejidad en el orden y en la información de la matriz lleva a la evolución de la conciencia, que está matemáticamente en orden y así fluye. La creación es una complejidad ordenada. La matriz de conciencia y creación está en perpetua evolución.

¿Qué podemos hacer concretamente para tener esa vivencia del orden en la complejidad de la vida?

Practicar técnicas de respiración y meditar. Esas prácticas les ayudarán a soltar y a confiar. Entréguense a la presencia del vacío de paz y complejidad que tiene todas las respuestas y la información que necesitan para ser quienes son genuina y naturalmente.

VEINTITRÉS

LA TRISTEZA

LA VOZ DE LOS MAESTROS:

¿Cómo sienten los seres humanos la tristeza? A través del corazón y las limitaciones de la mente.

A través del lente de la mente transforman la tristeza en lágrimas. Las lágrimas son el desagüe del corazón y le ayudan a mantenerse liviano y en paz. Son el medio amortiguador que les permite estar a gusto con ustedes mismos y con sus experiencias futuras.

El propósito del llanto es deshacerse de lo que ya no sirve y dejar espacio para los sentimientos, las emociones y los estados que nutren el corazón y la mente emocional.

¿Es necesaria la tristeza?

LAS LLAVES DEL AMOR Y LA FELICIDAD

Sí. Es el complemento de la alegría y la paz interior. Sin embargo, en este sentido la tristeza es solo un propósito, no un fin. Vista de esa manera se convierte en una experiencia de transformación y evolución. Nos ayuda a crecer y para eso estamos aquí: para evolucionar, convertirnos en seres más grandes y formar comunidades de existencia y evolución eternas.

¡Muy profundo!

Sí, sí. Es sabiduría profunda para el alma que comprende las cualidades del verdadero yo.

VEINTICUATRO

LA TRAGEDIA

Queridos Maestros, aquí estoy tratando de comprender el dolor y la tristeza en este momento en que siento gratitud, alegría, paz y tranquilidad. Solo la empatía y la compasión me permiten comprender algo que no siento en mi interior en este momento. Cuán bello es poder sentir por otros cuando no experimentamos esa misma emoción; pero lo acepto todo. Estoy lista.

LA VOZ DE LOS MAESTROS:

Hablemos de la tragedia.

¿Qué tipo de tragedia?

Accidentes de automóvil, accidentes de aviación y otros sucesos trágicos.

LAS LLAVES DEL AMOR Y LA FELICIDAD

¿Qué es lo importante que hay que saber y comprender sobre ellos?

Que son apenas formas como el cuerpo, que es materia, se desconecta del alma. No hay sufrimiento en la muerte. Es tan solo un cambio en el estado de la materia. La tragedia es un catalizador de los procesos de transformación de la materia del cuerpo y sus funciones.

El yo verdadero o el alma individual no puede experimentar dolor porque su estado es eterno. El yo verdadero está compuesto por la energía sempiterna de todas las fuerzas de la creación combinadas. En el momento de una tragedia lo único que sucede son procesos de transformación que alteran o modifican la materia en otra expresión.

Las personas que quedan perciben el proceso de la muerte como dolor y sufrimiento porque lo ven a través del lente limitado de la mente y de la experiencia física de la vida humana.

Si nosotros los humanos nacemos para tener la experiencia de vivir en un cuerpo, sentir diversas emociones y vivir distintas sensaciones para poder evolucionar y alcanzar la iluminación por medio de ellas, ¿entonces la mejor forma para crecer a partir de la tragedia es sumergirnos en sus sensaciones?

Sí, pero pueden menguar ese sufrimiento si comprenden que todas las emociones son transitorias. Traten siempre de ver las experiencias trágicas desde la perspectiva del corazón y no de acuerdo con las limitaciones de la mente. Están aquí para algo muy superior al dolor y el sufrimiento, aunque no puedan reconocerlo en un momento determinado, cuando la emoción nubla la vista.

Cuando se sientan alterados o invadidos por la congoja, respiren. Respiren y confíen. Busquen tanta serenidad como puedan y utilicen prácticas para calmar los nervios. Recuerden que su verdadera esencia es de luz. Su yo verdadero es sabiduría. Ustedes son conocimiento superior y amor.

Hagan lo posible por conservar la paz y la ecuanimidad, independientemente de lo que suceda a su alrededor.

VEINTICINCO

LA ENFERMEDAD

LA VOZ DE LOS MAESTROS:

La enfermedad y los trastornos celulares son realmente una condición de la mente, creada por el pensamiento.

La frecuencia del pensamiento envía una señal química a las células. Los pensamientos positivos y que nutren crean orden y equilibrio en las funciones celulares, y se traducen en coherencia y armonía de todo el ser a un nivel superior. La energía de una célula sana se irradia a las células circundantes.

En última instancia, la forma como una célula responde a la frecuencia de un determinado pensamiento se traduce en orden o en desorden. La respuesta se basa en cargas eléctricas que el pensamiento, en forma de energía, lleva hasta la superficie de la célula. Las polaridades crean orden y las similitudes de las cargas crean desorden.

Como pensadores de sus pensamientos deben estar conscientes de la naturaleza de sus pensamientos: los negativos son de baja frecuencia, mientras que los positivos son de alta frecuencia. El hecho de mantenerse conscientes del aquí y el ahora es fundamental para generar frecuencias de pensamiento que produzcan orden dentro de la estructura celular.

La célula es una receptora neutra y la mente —por medio de sus procesos de pensamientos conscientes y subconscientes— actúa como directora o árbitro de las sustancias químicas que se liberan al torrente sanguíneo para unirse a las células.

La enfermedad consiste en una serie de trastornos individuales que ocurren en el nivel celular. Como los grupos de células forman tejidos y órganos que se juntan en sistemas que constituyen la "maquinaria" completa del cuerpo, entonces el cuerpo puede estar sano o enfermo.

Es posible prevenir el daño celular modificando el pensamiento. Es algo que requiere valentía, porque la mente tiene que ser más fuerte que el ego.

Recuerden que la enfermedad solo ocurre en el cuerpo físico. El yo verdadero está siempre buscando la forma de lograr el mayor bienestar, orden y equilibrio, incluso cuando se sienten enfermos o alterados.

Vuelvan al silencio de la quietud interior, al espacio de serenidad, orden y paz donde todos los componentes de su sistema están en equilibrio y armonía y pueden expresar su potencial, y en donde el yo verdadero ayudará a restablecer la salud en la medida de lo posible.

¿Cuáles leyes operan al momento de sanar?

La ley del ahora y la ley del orden y la recuperación de ese orden.

La enfermedad es una desalineación de los componentes de la célula, del cuerpo y del yo. Esa desalineación se debe al entorno o a la mente. Con sus pensamientos generadores de orden o desorden, la persona misma genera lo que ustedes denominan enfermedad.

Las células se han creado e incorporado intrínsecamente en sus cuerpos para funcionar como una maquinaria perfecta de vida, de expresión y de desarrollo. Esa es su naturaleza, pero el yo, con la mente y el ego, puede perturbar la naturaleza intrínseca de orden, equilibrio, armonía o potencialidad de las células.

¿Cómo?

Empujado por la necesidad de la mente con sus pensamientos que, como frecuencias, portan cargas eléctricas, positivas (+) y negativas (-), y por el deseo del ego de controlar la expresión de la realidad del yo.

¿Y?

Reconocer la verdadera esencia del yo y el compromiso con los principios que sostienen la vida es crucial en este momento para determinar el resultado en el cuerpo, bien sea para expresar orden y equilibrio entendidos como bienestar y salud, o desarmonía expresada como enfermedad.

¿Quién está al mando de este proceso de expresar la vida en forma de orden o desorden, o en forma de enfermedad?

La mente es la fuente de los pensamientos, negativos o positivos, que envían señales (por medio de neuroquímicos y del sistema hormonal del cuerpo) que interactúan con el campo externo de la célula.

La célula está originalmente cargada con ambas expresiones de la energía: la positiva (+) y la negativa (-). Así, cuando la carga eléctrica positiva de un pensamiento positivo y armonioso interactúa con el campo que rodea a la célula, el resultado será de orden, debido a que las cargas opuestas se atraen y generan un campo electromagnético de orden y armonía.

En contraste, si el pensamiento trae una expresión negativa con una carga negativa, al interactuar con la carga negativa de la célula, esta la repele y produce un campo de desorden que se transmite al interior de la célula y distorsiona todos sus procesos de expresión de vida y producción de energía. En última instancia esto se traduce en degradación de la célula y en ineficiencias de los procesos celulares y corporales y se extrapola a los tejidos, los órganos y los diferentes sistemas del cuerpo cuyos componentes son las células.

No me queda claro ese concepto de las cargas de las células y las cargas de los pensamientos, y su interacción, porque el pensamiento, bien sea negativo o positivo, siempre se encontrará con cargas positivas y negativas en las células. Entonces, ¿qué pasa cuando el pensamiento entra en contacto con la célula y se encuentra con ambas cargas? ¿Qué pasa con la carga de la célula con la cual no interactúa?

La carga de la célula está determinada por los pensamientos que prevalecen, positivos o negativos. Dependiendo de eso, la expresión será de enfermedad o de equilibrio y orden.

¿Cómo puedo explicar esto en términos más científicos, por favor?

Déjalo en el plano de la energía sutil del corazón.

VEINTISÉIS

EL JUICIO

Debo preguntar, Maestros, ¿o ustedes me guiarán?

LA VOZ DE LOS MAESTROS:

Respira y mira a tu alrededor. ¿Qué ves?

Veo quietud, armonía, paz y orden. Veo grandeza y equilibrio. Veo belleza y consonancia.

Eso es lo que ustedes, como seres divinos, deben escoger todos los días de su existencia.

Traten de ver solamente la bondad, la inmensidad y el orden de la creación. De esa manera, la frecuencia de sus pensamientos entrará fácilmente en consonancia con las leyes de la existencia y los principios de la naturaleza. Eso les ayudará a alcanzar la paz y el equilibrio a medida que se produce su expansión espiritual.

Disfruten la quietud de su interior y la belleza y la perfección que los rodea. Así reinarán en sus vidas la gloria y el amor.

Hablemos ahora sobre el juicio. El juicio es la semilla del ego que desea crecer y prevalecer. Cuando juzgamos, sencillamente vemos al otro a través del lente oscuro de los ojos del ego. El juicio le permite al ego sentirse superior y sentir que está dotado de poder sobre el otro. El acto mental de despojar a otros de sus cualidades, talentos y dones es la forma como el ego alimenta su necesidad de satisfacción y victoria.

Todos somos seres verdaderos (almas) junto con nuestro cuerpo y nuestra mente, y el ego es parte de ese todo. Si nos identificamos principalmente con nuestro cuerpo, juzgamos porque no logramos ver nuestras cualidades divinas. En ese caso vivimos en una realidad limitada donde no vemos más allá de los confines de la mente.

¿Cuál de las leyes naturales nos ayuda a superar la necesidad de juzgar?

La ley de existir, la ley de la aceptación y la ley de invertir.

Cuando alguien los juzgue, hagan lo posible por reconocer la dualidad de esa persona y comprender que ese juicio proviene de la perspectiva de la separación y no de la unicidad. Así podrán responder con mayor aceptación y empatía hacia esa persona.

La clave para superar el juicio, el prejuicio y la intolerancia ante las diferencias radica en que ustedes comprendan su propia naturaleza, que es dual. Reconocer la divinidad natural en los demás facilita las cosas.

En última instancia, el equilibrio, el orden, la armonía y el amor prevalecerán y lo impregnarán todo. Ese es el objetivo último de la existencia misma.

VEINTISIETE

EL EGOTISMO

Gracias, Divinos Maestros, por la oportunidad de servirles y de servir a la humanidad. ¿Cuál es nuestro tema para esta noche?

LA VOZ DE LOS MAESTROS:

El egotismo. El egotismo es la fuerza de la "carencia" y el deseo de la mente de no "ceder". Las personas egotistas han sofocado todo deseo de usar sus dones y talentos para el bien de los demás. Están desconectadas de las habilidades y cualidades de su corazón. Puesto que no se identifican con el ser sabio y amoroso que son, no pueden compartir esos dones y se los quedan para sí.

El enfoque opuesto es reconocer las cualidades y los dones interiores y expresarlos sencillamente porque el corazón y el alma así lo desean. La esencia de la conciencia es buscar recrearse mediante el acto de expresar su potencial.

¿Cuáles leyes de la naturaleza actúan como antídotos contra el egotismo?

La ley de dar. La ley de recibir y también la ley del amor.

El egotismo es el intento del ego por retener el poder, el control y el dominio sobre el cuerpo. Sin embargo, las transformaciones verdaderas del corazón y la expansión del alma —que los sintoniza con la luz magnificente de la fuente de todo lo que reside en su interior— neutralizan el ego. Es por eso que el amor y la conciencia cada vez crecen más en el mundo.

VEINTIOCHO

LA AFLICCIÓN

LA VOZ DE LOS MAESTROS:

Cuando estén afligidos, sumérjanse en el dolor del corazón y después despierten a partir de él. Despierten con gratitud y amor, con alegría y paz, y con la intención de dar y amar, de evolucionar y continuar su camino hacia la grandeza.

Sí, sabemos que las penas duelen y que se sienten hasta en las células; pero también son experiencias transformadoras. Podrán crecer a partir de ellas.

Siempre he creído que la esperanza es lo opuesto al sufrimiento. Si la energía, como ustedes dicen, es dual, ¿cómo podemos conocer la esperanza sin experimentar el sufrimiento? ¿Es posible sentir el dolor sin sufrir?

LAS LLAVES DEL AMOR Y LA FELICIDAD

La evolución proviene de superar las dualidades del yo. De no ser por la dualidad, la vida no sería vida y ustedes no serían lo que son.

No podrían alcanzar la iluminación sin experimentar todas las potencialidades de la vida, sus formas complementarias como el amor y el dolor, la alegría y la tristeza, la abundancia y la carencia.

El aspecto más alegre y armonioso prevalecerá siempre y vencerá por encima del aspecto difícil y disonante.

Traten de ver la vida como un viaje de experiencias y no como un camino de espinas. La vida es una serie de procesos imbuidos de conocimiento, sabiduría y códigos de evolución para llegar a la grandeza del verdadero ser y del amor por encima de todo. Si a lo largo del camino descubren la unidad, el viaje será más placentero.

La aflicción genera sabiduría, pero solamente para quienes han aprendido a vivir desde el corazón. El amor llena la sensación de vacío del yo cuando se vive la vida en consonancia con las leyes de la existencia y del ser verdadero.

VEINTINUEVE

EL CONFLICTO

LA VOZ DE LOS MAESTROS:

El conflicto es una diferencia de frecuencias, una oposición de fuerzas. Es señal de que la mente controladora, o el ego, desea manifestar su poder.

¿Cómo se disuelve el conflicto?

Con amor. Apliquen la ley del amor y la ley de la aceptación. Al enfocarse en la Divinidad y en las cualidades puras del ser verdadero de la persona objeto del conflicto y de ustedes mismos —el amor, la compasión, la alegría, la gratitud y demás— podrán disipar las diferencias y las fuerzas opuestas.

Permitan que el poder del yo verdadero tome las riendas y el amor disipará el conflicto.

LAS LLAVES DEL AMOR Y LA FELICIDAD

En el conflicto respiren y respiren mucho más.

En momentos en que el miedo, la desconexión, el dolor y la tragedia los invadan, respiren. Respiren hasta los espacios más profundos de su cuerpo. Así podrán calmarse y conectarse con sus potencialidades. Su luz interior podrá surgir para lograr la armonía.

Es fácil poner fin al conflicto cuando se mira desde el corazón y con los ojos del yo verdadero, cuando se siente al oponente desde el alma y con amor.

Pongamos fin al miedo. Hagamos del amor y la paz esa fuerza colectiva que todo lo impregna y que todo lo mueve.

¡Ámense! No desperdicien su energía en la degradación del ser (cuerpo, mente y alma) o en la necesidad del ego de demostrar su "falso poder"; solo la mente guiada e impulsada por el amor puede actuar como ego positivo, como ego que nutra.

¡Cuidado! Estén atentos a cuál yo está a cargo cuando pelean o están en discordia.

Sencillamente cierren los ojos, donde quiera que estén. Inhalen luz y exhalen amor y paz. Cúbranse y cubran todo lo que los rodea con un manto de luz, armonía y aceptación. De esa manera se disolverán inequívocamente y como por arte de magia los desacuerdos o perturbaciones de la energía.

Abran sus corazones y un océano de bendiciones se manifestará ante sus ojos. Tendrán montañas de fortaleza para compartir y tierras de oportunidades en donde todos podrán convivir y crecer.

Gracias, Maestros, por una herramienta tan fácil y poderosa para el mundo.

Despierten a la geometría sagrada y al orden. Búsquenlos. Búsquenlos en la naturaleza y durante la quietud de la meditación con los ojos cerrados.

¿Qué encierran o qué enseñan?

La esencia y el orden de la vida y de las fuerzas divinas. La geometría sagrada está en la base de la evolución y la complejidad de la existencia, en la majestuosidad del amor y la luz.

¿Se siente bien en el cuerpo?

Reorganiza todos los aspectos del yo, por lo cual se siente como un ajuste o desenvolvimiento, pero es magnífica y majestuosa, y no incómoda. La geometría sagrada es amor puro en su esencia y expresión. Es ilimitada y eterna en el ahora. No es posible definirla desde la perspectiva humana. Solo deben entregarse y confiar en ella.

LAS LLAVES DEL AMOR Y LA FELICIDAD

¿Cuándo?

En el silencio y la quietud. Respiren con facilidad y concéntrense en la glándula pineal que se encuentra en el centro de la cabeza, a nivel de los ojos, y confíen. Déjense llevar hasta disolverse en la nada. La paz llegará cuando se disuelvan en la nada —en la luz divina de la paz— sin temor.

TREINTA

EL MIEDO

LA VOZ DE LOS MAESTROS:

El miedo es falta de amor y esperanza. Es una fuerza, o energía, que frena y paraliza. Impide la expresión de su potencialidad.

¿Por qué el miedo?

Porque, en su aspecto destructivo, el miedo de ser lo que verdaderamente son les impide experimentar la vida tal cual es de verdad.

La realidad verdadera es la percepción de una experiencia vista desde la pureza del corazón y el esplendor de su mente en consonancia con las leyes de la existencia; y sin la obnubilación del ego con su necesidad de medir, controlar y juzgar.

La realidad verdadera es la vida que experimentan bajo la guía de su verdadero yo, conectados con los dones de su corazón como el amor por sí mismos, la compasión, la gratitud y la valentía. Esto los pone en alineación con las leyes del universo. Es una realidad que fluye, libre de las expectativas arraigadas en las necesidades falsas del ego.

El miedo los priva de su poder y hace que proyecten sus acciones sin propósito. La falta de intención y el deseo o la voluntad de hacer nada los ata y les impide moverse. La falta de acción finalmente engendra frustración, pérdida de autoestima, y degradación del yo. Se interrumpe la evolución. Sin significado y sin una intención clara, no hay propósito.

En contraste, en su aspecto creativo, el miedo puede ser la fuerza propulsora de las soluciones y del avance por el camino de la evolución.

¿En qué momento se convierte el miedo en una fuerza transformadora y constructiva?

Cuando se alinean con el potencial, la sabiduría y el poder del alma. Si dejan el poder en manos del sistema de guía interior, podrán usar la fuerza del miedo para impulsarse. En ese caso, el miedo es evolutivo. Es como el botón de adelantar de un sistema digital de audio o video, una fuerza que los empuja rápidamente hacia adelante para su bien superior, aunque en ese momento se sientan mal y no logren reconocer lo que sucede.

¡Increíble!

Teman a la perversidad de la mente y la debilidad del ego. Sin embargo, sean temerarios y déjense llevar por la intuición y por su verdadero yo. Su yo verdadero (o alma) sabe cómo hacer las cosas para beneficio propio y de todo lo que les rodea. Encuentra las respuestas a todas sus preguntas y los lleva por el camino de la facilidad y la realización de sus verdades y deseos más profundos.

No le teman a nada, solo al ego. Si se entregan a él, los llevará por el camino del sufrimiento y la insatisfacción, lo cual finalmente ampliará la brecha que los separa de la realización de sus diversos potenciales.

Miedo ⟶ Infelicidad

Confianza ⟶ Realización ⟶ Paz interior

Bellos Maestros, ¡cuán sabios son!

TREINTA Y UNO

LOS MALENTENDIDOS

Es un honor estar con ustedes nuevamente, Maestros, y recibir su sabiduría y conocimiento avanzado para el bien de todos. Gracias por permitirme ser su vehículo. ¿Qué desean revelar hoy?

LA VOZ DE LOS MAESTROS:

Los malentendidos.

En esto entran a actuar varias leyes de la creación. La ley del ahora. La ley de la aceptación. La ley de dar. Las desavenencias y la separación se producen cuando no se aplican bien estas tres leyes.

La ley del ahora sirve de herramienta para soltar las diferencias entre los seres que sufren un malentendido. Es importante aceptar el hecho de que todo existe en el ahora. Lo que era verdad para alguien hace un momento ya quedó en el pasado; ya no existe. Entonces, ¿para qué gastar energía tratando de demostrar algo que dijeron y que ya no existe? Hay que soltar y vivir en el ahora. La realización, la alegría, la paz, la satisfacción y, en últimas, la unidad, solamente existen en el ahora.

La ley de la aceptación aplica en este caso como herramienta para disolver energías o puntos de vista opuestos. Un punto de vista es energía mental. Al ver la realidad del otro como propia, o sentirla como una posible realidad con el corazón, podrán superar las limitaciones de su egoísmo y su tendencia a juzgar. Todos los seres humanos deben lidiar con el ego. Es inevitable.

El yo verdadero puede sentir y expresar simpatía. A medida que se manifiesta, disuelve las diferencias y los malentendidos.

Con solo hacer lo posible para ponerse en el lugar del otro, en "sus zapatos", estarán dando entrega, amor y compasión. Por simple que parezca, es la forma de aplicar la ley de dar en el contexto de una desavenencia.

La vida es sencilla si se vive desde el corazón y desde la sabiduría evolutiva interior, que es la fuerza para avanzar.

¿Desean compartir algo más acerca de los malentendidos?

Véanlos como una oportunidad para avanzar en su proceso evolutivo hacia la grandeza. Una desavenencia es una oportunidad para desarrollar empatía y compasión.

Podrán ser más compasivos si se deshacen de la necesidad mental de su ego de demostrar su poder y la superioridad de su "conocimiento"; si se deshacen de su necesidad de tener la razón.

El verdadero conocimiento no es nada sin la humildad y la sabiduría del corazón.

Demuéstrense a sí mismos lo que son, en su corazón. Demuestren que expresan las cualidades del corazón: gratitud, perdón, alegría, amor, ecuanimidad y compasión. Expresen esas cualidades para ustedes mismos y vívanlas primero en su interior. Pasen tiempo en su interior y reconozcan la grandeza y la belleza de su ser interior y después muestren y compartan su grandeza y belleza con el mundo.

Me siento privilegiada de aprender estas leyes y vivir conforme a ellas y al conocimiento superior que recibo. Gracias, Maestros, por compartirlo conmigo y con el mundo. ¿Cómo más puedo servirles hoy? ¡Díganme, por favor!

Sirve a la naturaleza respirando de ella y exhalando tu amor hacia ella.

Fluye con facilidad. No hay nada que demostrar, nada que ser o hacer sino sencillamente existir y expresar el amor y la sabiduría desde el corazón. Mantente atenta y alerta a la magia de tu entorno. Siempre está allí para ti cuando la deseas y la solicitas desde el corazón.

Recibe y da. Alaba la bondad y la belleza de los corazones de los demás. Sé generosa contigo misma y con los demás. Ábrete al mundo y disfruta.

TREINTA Y DOS

EL AUTOENGAÑO

LA VOZ DE LOS MAESTROS:

La autoengaño es cuando la mente está tan obnubilada que la realidad se altera, y se perturba la retroalimentación. El resultado es la separación. El yo se separa de su propia verdad y nos separamos de aquellas personas con las que hemos interactuado.

Lo que más duele cuando hay esa distorsión es que se siente un vacío en el corazón y se percibe falta de sensibilidad y compasión de parte de los demás. La mente insiste en discernir, analizar y juzgar.

En el momento en que sospechen que puedan ser presa del autoengaño porque sienten la mente nublada o como si el mundo estuviera en su contra, hagan lo posible por tomar conciencia y entrar nuevamente en contacto con la realidad.

Pregúntense:

- ¿Qué estoy sintiendo?
- ¿Y quién siente esta distorsión? ¿Es el ego, la mente, el corazón?
- ¿Quién se siente traicionado? ¿El ego, la mente, el corazón?
- ¿En qué parte de mi cuerpo siento esta sensación? ¿En cuál de los centros de energía?
- ¿Estoy procesando este sentimiento (emoción) desde el ego y la mente?

Una vez reconozcan cuál zona del yo y del cuerpo es la afectada por la distorsión, es importante reconocer en dónde está la disonancia. ¿Es en el abdomen o alrededor del plexo solar? ¿Es en el corazón y el pecho? ¿Es en la zona del chakra de la garganta, alrededor del cuello?

Al tomar conciencia de lo que están sintiendo y cómo y dónde en su interior, podrán identificar que el sentimiento no viene de su yo verdadero, que es puro; identificarán que no está en consonancia con su bien superior.

Entonces lleven la atención al corazón e inhalen y exhalen varias veces desde y hacia este. Imaginen que el corazón se llena de luz y pongan su atención en una emoción elevada como la gratitud. Déjense envolver por esa emoción (regocíjense en ella).

LAS LLAVES DEL AMOR Y LA FELICIDAD

El propósito de ese ejercicio es cambiar la frecuencia y pasar de la victimización, o lo que sea que estén sintiendo, a la confianza. Eso despejará las nubes que oscurecen la mente y les permitirá anclarse en su yo verdadero.

La fuente de su auténtico poder radica en el yo verdadero y en el alma. Es su esencia pura.

¿Cuáles leyes debemos aplicar cuando experimentamos esa sensación de victimización?

La ley del amor y la ley del ahora.

Sientan curiosidad por las potencialidades de la expresión del yo. Son ustedes quienes tejen el tapiz de sus vidas. Manténganse alineados con las frecuencias de las emociones elevadas, en particular del amor, y hagan lo posible por estar en el aquí y el ahora.

Al vibrar en la unicidad y la dicha, en la confianza y la verdad, sus autoengaños o distorsiones —cualesquiera que sean—, se desvanecerán y se disiparán como humo en el viento.

TREINTA Y TRES

LA ANGUSTIA

LA VOZ DE LOS MAESTROS:

La angustia es la sensación derivada de la degradación del yo cuando se vive desde la mente. Es producto de creer los dictados del ego como si fueran la realidad verdadera y la única verdad.

¿Cómo se manifiesta en nosotros la degradación?

Se manifiesta en desesperanza, enfermedad y alucinaciones.

¿Cómo podemos sanar la angustia?

Lleven la respiración a los espacios más profundos del cuerpo. Sientan la luz de la unicidad emanando desde su interior. Acojan todas las fuerzas y frecuencias de orden y equilibrio, del cosmos, de la creación. Permitan que la complejidad y la armonía de la creación penetren en su cuerpo y en su alma.

¿Cuál ley podemos aplicar para salir de la angustia?

La ley de existir y la ley del amor les ayudarán a llenar el corazón de amor y a sentirlo con tal orgullo en su interior que el orden se restablezca y a su vez se alivie la inquietud.

Acojan la belleza de la naturaleza y llévenla al corazón como la voz de la Divinidad que calma y acaricia todo el ser. Escuchen y reciban la voz de la perfección que es el canto de la naturaleza para sanar el cuerpo y nutrir el corazón con armonía, amor y el ritmo de la creación, junto con todas sus fuerzas y frecuencias.

TREINTA Y CUATRO

LA IMPERFECCIÓN

Maestros del Amor y la Felicidad, estoy nuevamente a su disposición. Mi corazón está abierto y lleno de gratitud. ¿Podrían hablarme de la definición del "yo"?

LA VOZ DE LOS MAESTROS:

Todos los aspectos de un ser son el yo, incluidos el alma sempiterna, la mente y el cuerpo (la expresión humana), y lo que la mente humana piensa que es el ser. Esto último es el ego.

Gracias. ¿Qué desean revelarnos ahora?

Deseamos hablar de la imperfección.

La imperfección es la percepción del yo y de lo que el yo debería ser, visto a través de los ojos de la mente, cuyo alcance es limitado. Desde esa visión de alcance restringido, la experiencia del yo es limitada.

Al trascender los límites de la mente y acceder a realidades superiores de la existencia o a una conciencia elevada, podrán experimentar el yo como un todo. Cada ser humano es parte del todo, y eso significa que los humanos no tienen otros límites que los impuestos por la mente.

Su yo verdadero es infinito; siendo un todo, lo abarca todo. No hay lugar para la imperfección. Dentro de esta expresión infinita del yo verdadero hay potencialidades, distintas habilidades para desarrollar y expresar.

¿Cómo afecta la idea de la imperfección nuestra realidad y nuestras relaciones?

La idea de la imperfección crea polaridades en su experiencia del propio yo y de los demás. Siempre habrá un patrón o cualidad con la cual comparar —como bueno y malo, corto y largo, alegre y triste—. Esto lleva a la separación en lugar de la unidad y la unicidad.

¿Cuáles leyes debemos aplicar para modificar nuestra percepción de la imperfección?

La ley de existir y la ley del amor.

TREINTA Y CINCO

EL CAMINO AL MÁXIMO POTENCIAL

LA VOZ DE LOS MAESTROS:

El camino hacia el máximo potencial y la grandeza del ser es la evolución. Aunque la evolución incluye todo lo que existe —todo cambia continuamente— solo quienes comprenden su esencia verdadera y la dualidad del yo buscarán la expansión. Es posible acelerar la evolución personal abriendo la mente y el corazón.

Enfoquen la mente en los deseos del corazón. La mejor forma de manifestar es confiando en el apoyo superior que reciben de nosotros y de las fuerzas de la creación.

TREINTA Y SEIS

EL CULTIVO DE SÍ MISMOS

LA VOZ DE LOS MAESTROS:

La inspiración es la fuerza fundamental para quienes buscan la expansión y la grandeza, el amor y la felicidad.

Cultívense a sí mismos para ser presencia de simpatía, tranquilidad y de silenciosa sabiduría. Las personas que los rodean y que se relacionan con ustedes sentirán y apreciarán esas cualidades. Brillen en su interior y difundan esa energía con sonrisas y aceptación.

Somos uno.

TREINTA Y SIETE

LA DESARMONÍA

LA VOZ DE LOS MAESTROS:

La desarmonía es una fuerza de carencia interior que se expresa en forma de conflicto con los demás. Comienza adentro, cuando el yo no está satisfecho y la persona no se siente completa en su interior. Entonces viene la expresión de insatisfacción con los demás y con el entorno.

Internamente, la experiencia de desarmonía es de juicio, insatisfacción y desaprobación. Puesto que los demás son el reflejo de lo que la persona siente en su interior, eso será lo que la persona experimentará en su vida. Cuando hay desarmonía interior, la experiencia será también de malestar, conflicto, falta de aceptación y disonancia en el entorno.

¿Cuáles leyes de la creación pueden corregir la desarmonía?

LAS LLAVES DEL AMOR Y LA FELICIDAD

La ley de la aceptación, la ley del amor, y la ley de invertir en el yo.

La desarmonía interior es la semilla del conflicto y la destrucción de las relaciones entre los seres, las comunidades y las naciones. Los actos que pueden corregir la desarmonía son las expresiones de amor por uno mismo y amor por los demás.

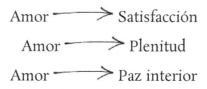

La satisfacción, la plenitud y la paz interior restablecen la armonía y el equilibrio en las personas, las comunidades y las naciones. El amor es una fuerza trascendente. Es una energía que promueve la unidad y la unicidad.

¿Qué más debemos saber que nos ayude a evolucionar?

Permitan que sus corazones sean más fuertes que el ego. No se identifiquen con los personajes y las condiciones del ego. Al contrario, midan lo que valen por el amor y el compromiso para con ustedes mismos y los demás, por su deseo de hacer el bien, por su evolución y por su sabiduría puesta al servicio del bien de todos, y por su creciente comprensión del verdadero significado de la existencia.

Esta es una bella misión, Maestros.

Sintonicen su energía personal con la energía del yo verdadero. Vivan desde las cualidades del corazón para que la frecuencia de su expresión genere armonía en su interior y a su alrededor. Así podrán contribuir a crear comunidades y naciones armoniosas.

TREINTA Y OCHO

LA LIBERACIÓN

LA VOZ DE LOS MAESTROS:

Despréndanse del ego, su falsa identidad. Libérense de toda necesidad de "ser alguien" con rótulos, puesto que ya son seres divinos con significado a los ojos de Dios y en la conciencia de la creación.

Son seres perfectos, con cualidades de poder y complejidad infinitos. Gocen esas cualidades y fluyan por la vida con lo que llegaron al mundo: un yo puro, de expresiones y posibilidades infinitas.

Rompan las cadenas que los amarran a cualquier cosa o frecuencia que los limite y los haga infelices, como el complejo, el menosprecio de lo que son y el sufrimiento. Crezcan hasta llenar los confines de la grandiosa y vasta creación, porque eso es lo que son realmente. Son existencia infinita. Ese es el yo verdadero.

Identifíquense con el yo verdadero y así podrán acelerar su evolución.

Despréndanse de toda necesidad de demostrar lo que son, de vivir según las expectativas de los demás. Sean libres en su interior y únanse a su propia verdad y a la esencia de posibilidades infinitas en su realidad actual. La realidad evoluciona constantemente.

A medida que practiquen el desapego y suelten las tensiones poniendo confiadamente su vida en manos de Dios y del amor divino, podrán disfrutar de la libertad de fluir con las fuerzas de la creación que solo quieren brindarles realización.

La vida es opulenta y les ofrece todo lo que necesitan para alcanzar la verdadera felicidad. Sumérjanse en los dones de la creación. Vivan en consonancia con las fuerzas de la expansión, el orden y el equilibrio. Reciban con alegría todo lo que la vida les ofrece. El corazón tiene un impulso interno de evolucionar. Comprendan también que nacieron con el derecho de sentirse plenos y completos, de ser amados y de ser felices.

Sí, Maestros. Comprendo que es nuestro derecho sentirnos dignos y estar alineados, recibir y dar, sentirnos completos y disfrutar de nuestra unicidad.

LAS LLAVES DEL AMOR Y LA FELICIDAD

Sí, es así de sencillo. La magia opera para quienes creen en su esencia divina e ilimitada. Está allí para que todos gocen de ella.

¿Algún mensaje especial para hoy?

Respiren, vivan tranquilos y miren siempre a su alrededor. ¿Qué ven? Todo lo que ven es reflejo de lo que son en su interior. Ese es su espejo más fiel, en el cual pueden verificar su estado.

Sean belleza y verán belleza. Sean amor y verán amor. Sean verdad y verán verdad. Sean uno y verán unicidad. Sean magníficos y verán abundancia a su alrededor. El asombro será infinito.

Me encanta este mensaje, Maestros. ¡Todo comienza en el interior!

Sí, y fluye hacia afuera como un proceso natural. Por tanto, tomen conciencia de lo que son y sienten porque eso se reflejará a su alrededor.

TREINTA Y NUEVE

LA UNIDAD

LA VOZ DE LOS MAESTROS:

Cuando experimentamos el amor propio, se despierta en nosotros el deseo de unidad. El amor es la conciencia subyacente y la frecuencia de la unidad. La unidad se manifiesta cuando la frecuencia compartida de una realidad es el amor.

¿Hay algún método para promover la unidad entre mis pupilos, mis seres amados y mis amigos?

Reúne a las personas en círculos y pídeles que durante diez minutos y con profunda intención lleven su atención al corazón y sientan amor, conmiseración, compasión y gratitud. Una fuerza superior de unión hará que todas las personas se sientan atraídas. El amor es como un imán.

Al final, el grupo funcionará como una sola persona.

Si extrapolan este método para aplicarlo en una comunidad más grande de personas, imaginen la magnitud de la unidad que lograrían.

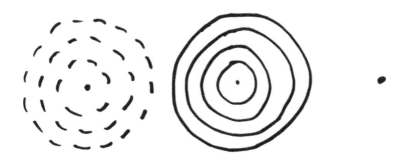

Ese es el objetivo, ¿verdad?

Uno de ellos.

¿Cuáles son los otros objetivos?

Equilibrio, coherencia y felicidad que, además de la unidad, llevan a la unicidad.

El objetivo último y el más importante es unirse a la Divinidad en la eternidad del ahora.

CUARENTA

LA CONCIENCIA

¡Los saludo, Divinos Maestros del Amor y la Felicidad! Como saben, por estos días, durante el retiro, estoy meditando cuatro veces al día y me siento más abierta que nunca a su presencia. ¿Desean compartir un mensaje conmigo esta noche?

LA VOZ DE LOS MAESTROS:

Sí, amada, sabemos lo que haces y nos complace mucho.

Una expansión colectiva de la conciencia es lo que vemos para ustedes; comunidades de amor en expansión, en evolución, con un conocimiento cada vez mayor de su esencia y sus potencialidades internas.

¿Qué es la conciencia superior?

LAS LLAVES DEL AMOR Y LA FELICIDAD

La conciencia superior es una fuerza colectiva que lo es todo, existe en todo y para todo. En el nivel de la conciencia todo es real y existe en su forma más pura. La conciencia es eternidad en el ahora. Es donde todo nace y muere en el mismo instante. Es un proceso continuo de existencia en un solo momento y en todos los momentos que recurren en el ahora eterno.

La conciencia reside en el interior de cada uno de ustedes puesto que es la esencia de donde brotó su existencia. Ustedes existen en el ahora y siempre existirán como fenómeno perpetuo en el ahora de la eternidad.

Sí, la existencia en el ahora eterno es infinita. Sin embargo, esa es la perspectiva del ahora desde afuera del espacio-tiempo en el cual existen sus cuerpos. Cuando ya no tengan cuerpo, podrán optar por ser lo que deseen entre todas las posibilidades que existen en el reino infinito de la eternidad. Todo es posible y abordable en la unicidad, donde no hay dualidad y, por tanto, no hay separación sino solamente unidad en el ahora de la existencia sempiterna.

CUARENTA Y UNO

LA REMINISCENCIA

Reminiscencia. *Me encanta la sensación que esa palabra me produce.*

LA VOZ DE LOS MAESTROS:

Sí, la reminiscencia es el corazón que se regocija con aquello que le produce una sensación de amor, alegría, libertad, conexión y pertenencia.

Rememora los momentos compartidos vividos desde el corazón, las oportunidades que has tenido de estar en comunión con tus seres amados. Es como ver una película de los momentos en que estuviste en el aquí y el ahora. Te ayudará a comprender la alegría de estar en conexión con los demás desde el corazón.

No recuerdes culpas u odios del pasado, puesto que eso solo hará que esas frecuencias surjan dentro de ti.

LAS LLAVES DEL AMOR Y LA FELICIDAD

Rememora solamente el amor, la alegría, la gratitud y la risa.

CUARENTA Y DOS

LA SINCRONÍA

LA VOZ DE LOS MAESTROS:

Las sincronías son acciones correlacionadas con una causa.

La causa es una intención valiosa en el ámbito de la conciencia que, con el tiempo, se manifiesta como una realidad que conlleva profunda sorpresa y alegría.

Las sincronías siempre se han pedido y deseado, aunque parezcan no tener una causa. A veces manifestamos desde la dimensión del tiempo-espacio (el campo de posibilidades infinitas) con pensamientos en forma de frecuencias, pero nuestra tercera dimensión está en el espacio-tiempo, donde vemos la manifestación física de nuestro deseo.

Las sincronías pueden ser milagros. Si confían plenamente en su deseo, este se manifestará como un evento transformador, como una realidad nueva que trae realización, felicidad, plenitud y consonancia con la esencia de la Divinidad. Su naturaleza es funcionar como cocreadores de posibilidades infinitas.

La sincronía es una de las formas en que el Universo les habla y los sorprende.

Sean alegres. Sean juguetones. Agradezcan los dones de la vida.

CUARENTA Y TRES

EL GOZO

¡Buenos días, amados Maestros! ¿Qué hay en nuestra agenda para hoy?

LA VOZ DE LOS MAESTROS:

El gozo.

Ah, ¡esto me gusta!

El gozo es una energía que se debe compartir colectivamente en las comunidades del amor y en las naciones de evolución y grandeza que comienzan a perfilarse.

¿Cómo cultivamos el gozo?

LAS LLAVES DEL AMOR Y LA FELICIDAD

Entren en el espacio de su corazón y sientan su verdadera esencia. Desde ahí, perciban y reconozcan la belleza y la maravilla de estar vivos. Conéctense y den gracias por sus dones y talentos. Disfrútenlos, y que la simple belleza de lo que son realmente los llene de alegría.

Y luego compartan. Esparzan esa energía como polvo mágico a su alrededor. Celebren el amor. Celebren el logro de los deseos más profundos del corazón y los resultados que se traducen en felicidad para ustedes y los demás.

Ese es el gozo verdadero. Es interior, se siente en el corazón y se vive desde el corazón. Nada tiene que ver con el mundo externo ni la vida material, sino con la alegría de sentirse satisfechos y realizados con lo que son. Den de ustedes mismos.

¿Qué otra cosa, Maestros?

Cuando celebren la vida, recuerden hacerlo en armonía con el cuerpo. Mantengan un equilibrio y busquen siempre la alegría del colectivo.

Celebren las victorias del corazón y el logro de las metas evolutivas. Celebren el significado de una vida con propósito.

¿Qué es una vida con propósito?

Vivir sabiendo que su naturaleza es divina. La vida tendrá propósito si aplican esa grandeza a la evolución y a la felicidad del colectivo.

Cuando permanecen conectados con su corazón y encarnando la energía del amor, están expresando la simplicidad del ser.

CUARENTA Y CUATRO

EL RECONOCIMIENTO

LA VOZ DE LOS MAESTROS:

El reconocimiento es una semilla de comprensión de lo que son —en su esencia espiritual— un ser o un suceso. Es ver la realidad que yace detrás de toda historia y alinearse con ella.

El reconocimiento actúa como una fuerza cohesiva entre las energías. Cuando reconocen las cualidades interiores del otro, reconocen su esencia verdadera. Esto les ayuda a agregar valor a la expresión del colectivo.

Cuando aprecian y valoran lo bueno que hay en ustedes, es más fácil ver y reconocer lo bueno que hay en los demás.

Reconocer las acciones buenas y puras es algo valioso y constructivo, mientras que reconocer las acciones del ego es destructivo porque alimenta el deseo del ego de demostrar su poder.

Reconozcan el trabajo desinteresado, la expansión del yo, los obsequios dados desde el corazón, el altruismo, el crecimiento, la armonía y la existencia verdadera; y enseñen a sus hijos a hacer lo mismo para que busquen la realización en su interior. Buscar la realización afuera se traduce en sufrimiento e insatisfacción.

CUARENTA Y CINCO

LA LIBERTAD

¿Qué es la libertad?

LA VOZ DE LOS MAESTROS:

Libertad es experimentar paz en la existencia, estar en armonía con ustedes mismos y disfrutar sus dones cuando los utilizan para promover su plenitud y el bien de los demás.

Libertad es ser infinito en la existencia del ser.

Libertad es no tener límites en el amor hacia ustedes mismos y los demás.

Libertad es manifestar abiertamente su potencialidad y deleitarse en el proceso.

Libertad es sentirse imbuidos de su poder interior por el hecho de traer a la vida su tesoro, su verdadero yo. La libertad no depende de los bienes materiales (o poco tiene que ver con ellos).

Sin libertad del corazón, la vida está llena de tensiones y exigencias. Se siente como una prisión. Sean libres en su corazón, abiertos de mente y usen su cuerpo con sabiduría.

Ámense a sí mismos. Libérense de la necesidad de encontrar aprobación afuera.

Hagan la prueba preguntando:

- ¿Me amo lo suficiente?
- ¿Este acto me trae libertad y alegría?
- ¿Este deseo me trae expansión en la existencia?
- ¿Este pensamiento o decisión o acto se siente bien en mi cuerpo?

Si las respuestas son afirmativas, siéntanse en libertad de ser, de compartir, de dar y de recibir de esa manera.

Liberarse de las cadenas del ego les dará libertad. Comiencen a cortar esas cadenas. Libérense de la trampa de una falsa identidad y de querer cosas que conllevan separación y sufrimiento.

Pregúntense:

- ¿Qué estoy mostrando de mí hoy?
- ¿Qué estoy dando de mí hoy?

Sean una presencia compasiva. Hagan lo posible por ponerse en el lugar del otro ya sea para gozar de sus

LAS LLAVES DEL AMOR Y LA FELICIDAD

victorias o para acompañarlo en su inquietud. Y no dejen de buscar la verdad del yo bajo la superficie.

CUARENTA Y SEIS

EL ALTRUISMO

¿De qué quieren hablarnos hoy?

LA VOZ DE LOS MAESTROS:

El altruismo es una fuerza de profundo amor y gran devoción que se produce cuando dejan su ego de lado y sirven a los demás sin esperar nada a cambio, haciendo las cosas por simple gozo y buscando solamente amor, paz, unidad, plenitud y la felicidad del todo.

La energía del altruismo vibra en una frecuencia que ilumina el alma de quienes sienten por los demás y para quienes el acto de dar ocurre como algo natural; experimentan dicha profunda sin necesidad de reconocimiento.

Las personas altruistas dan sin temor y de manera incondicional porque así se los pide su naturaleza. Es una cualidad tan auténtica en ellas que dar no representa ningún esfuerzo. No hay gasto de energía.

¿Cómo enseñamos el altruismo?

Desarrollando compasión y comprensión. Así se despierta el altruismo.

¿Hay alguna rutina o práctica diaria que nos permita cultivar el altruismo?

Mostrarse compasivos primero con ustedes mismos. Piensen en las cosas que querrían ser o recibir para sentirse más completos, llenos de propósito y realizados. Identificar sus propias necesidades les ayudará a comprender las de los demás. Hagan lo posible por satisfacer las necesidades que logren reconocer.

CUARENTA Y SIETE

FLUIR

Divinos Maestros, los saludo con amor desde mi hogar bello y sagrado en la Isla Margarita. Bienvenidos. Gracias por derramar su luz, su amor y su presencia sobre este mágico lugar.

LA VOZ DE LOS MAESTROS:

Inhala luz, exhala paz. Llénate de la energía proveniente de la gracia de la Divinidad.

¿Qué desean revelarnos y enseñarnos hoy?

Fluyan. Fluir es existir y moverse a partir de su potencial. Fluir es su presencia que, en forma de energía, se mueve e interactúa con su naturaleza intrínseca y con todas las fuerzas que los rodean.

Fluir es como el movimiento de partículas en un fenómeno que existe sólo en el ahora. Existe únicamente cuando la conciencia y la intención se enfocan en él, lo que explica que cada ahora sólo existe como deseo en la voluntad de cada quien.

Existe como un deseo que tiene potencial infinito para manifestarse y ser en la ilimitada existencia de la eternidad. Si entienden que el fluir es un potencial actual eterno de existir en cada momento del ahora, estarán decididos a querer evolucionar como un fenómeno de expansión en cada ahora, y con sus deseos como forma de pensamiento.

El pensamiento es una frecuencia portadora de información que ha de expresarse en el potencial infinito de la eternidad en el ahora.

Manténganse en el ahora.

Quédense en el ahora.

Cada vez que descubran que divagan mentalmente en el pasado o el futuro, regresen al ahora, como les hemos enseñado. Lleven la conciencia al espacio entre los ojos y proyecten la frecuencia, en forma de intención, hacia el campo energético de la eternidad.

Estar presentes en el ahora les traerá una sensación profunda de realización. El resto de su actividad mental es una ilusión. La mente busca satisfacción transitoria para los sentidos y el ego.

Cuando se entrelazan diversas frecuencias de pensamiento, el flujo de la energía que generan con la mente es enorme y poderoso. Cuando alcanza un nivel de potencialidad suficientemente alto, la energía se expresa como un fenómeno experimentado colectivamente en el ahora.

En cada instante del ahora hay un movimiento constante de energía. Si bien cada ahora es temporal, la suma de todos los fenómenos de los momentos independientes del ahora es el fluir.

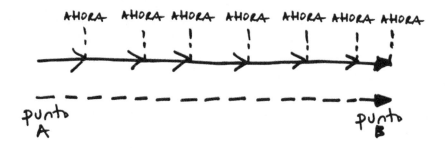

La eternidad es una sola. Está hecha de momentos individuales y de todos los momentos combinados.

Ese fluir es constante. La energía se mueve permanentemente. Vemos la energía y somos energía. Aquí todo es energía.

¿Sería posible que los viera, Maestros?

Has sentido nuestra energía.

Sí, pero quiero verlos como energía. ¡Por favor!

No, amada. Confía en nosotros. Nos verás en la belleza y sabrás que somos nosotros.

¿Qué otra cosa debemos saber sobre el fluir?

Fluyan como el viento, con facilidad y sin esfuerzo en todo y con todo. Así, su corazón se llenará de amor y tranquilidad. Tomen las energías como vientos de expansión hacia su evolución como seres divinos.

Si el viento se siente suave sobre la piel y no les produce malestar, corran con él. Si el viento les produce molestia hasta el punto de hacerles sentir dolor o amenazar su existencia, reconózcanlo y déjenlo pasar. Esperen otros vientos que resuenen con su potencial interior y sencillamente acójanlos y déjense llevar.

Fluyan con aquello que resuene con sus corazones.

¿Cómo podemos saber que hay esa resonancia?

Cierren los ojos, lleven la atención al corazón, y respiren. Sientan desde ese espacio. Prueben la frecuencia de la energía que sienten allí. Si la energía se siente despreocupada, alegre, expansiva, armoniosa y en consonancia con sus deseos más profundos de grandeza, acójanla y déjense llevar sin miedo y con toda confianza.

Gracias. Parece ser una forma fácil de confiar en la energía. ¿Qué más, Maestros?

Desde el corazón, gocen todo con aceptación y unión, las plantas, el océano. Sean generosos y amorosos consigo mismos y con todos; son uno solo. Siéntanlos, agradézcanles y acójanlos en su vida.

¡Así será! Gracias.

CUARENTA Y OCHO

EL CANTO DEL ALMA

Divinos Maestros, estoy a su disposición para servir al mundo. ¿Qué tienen en su conciencia para compartir?

LA VOZ DE LOS MAESTROS:

Encuentren deleite en la melodía de la naturaleza y en el sonido amoroso de sus corazones. Produzcan melodías a partir de las frecuencias cohesivas de la emoción como son el amor, la compasión, la armonía, la misericordia y la unidad. Compongan ustedes mismos, creando notas armoniosas que resuenen con el yo verdadero, con su alma. Escriban sus propias partituras e interpreten sus melodías en el reino de la conciencia.

Permitan, a modo de regalo, que el todo disfrute sus composiciones. Deleiten al colectivo con notas armoniosas que eleven el alma.

El silencio del corazón es un canto más fuerte que el sonido de las voces de todos los egos humanos combinados. Ábranse a la voz de la naturaleza pues ella encierra la sabiduría de la Divinidad y las notas de todas las frecuencias de la creación. Permitan que sus posibilidades infinitas sean alimento para el corazón.

Reconozcan la voz de la Divinidad en los trinos de los pájaros, en cada exclamación de las rocas cuando chocan entre sí en medio del ruido de las olas que se rompen en la playa. Hay información inagotable en los sonidos de la naturaleza que está allí para favorecer su evolución. La naturaleza está a su servicio.

Inhalen aire puro, exhalen amor y paz.

Vean con los ojos del alma y la mente de su corazón.

CUARENTA Y NUEVE

LA SABIA VOZ INTERIOR

Un nuevo día. Una oportunidad para el amor y la alegría. Una oportunidad para dar y recibir las bendiciones de la vida, para servirles, Maestros, con todo mi ser, mi amor y gratitud. ¿Cuál es su mensaje para hoy?

LA VOZ DE LOS MAESTROS:

Transformen sus vidas y verán la grandeza.

Adéntrense silenciosamente en la vastedad y la majestuosidad de su ser. Permitan que la voz de la humildad sea la que escuchen con mayor intensidad. Su ser silencioso es poderoso pero delicado, y también sabio.

Los latidos de un corazón amoroso resuenan hasta donde llegan las fuerzas de la creación. Por tanto, permitan que el amor invada su corazón y sea su voz.

No hay necesidad de convencer a nadie de que tienen razón. En el jardín de la vida, toda verdad es como una flor y su esencia (su color) es una expresión individual. El jardín es más glorioso gracias a la abundancia de colores.

Sean generosos con sus sonrisas y buenas intenciones. Sean magníficos en la expresión de sí mismos. Siéntanse victoriosos con las bendiciones que reciben.

Celebren la magnificencia de la vida y la belleza y singularidad de cada una de las expresiones de la creación. Cultiven las cualidades de su verdadero yo.

Por último, cultiven diariamente la práctica de vivir en el ahora. Desarrollar esa habilidad les ayudará a alcanzar la felicidad y a reducir el sufrimiento. Por favor acojan esta simple sugerencia. Aprópiense de la práctica.

CINCUENTA

LA DESILUSIÓN

Bellos y amados Maestros, sé que debo fluir con el ahora, pero me siento frustrada porque no conseguí un trabajo que deseaba. ¿Qué consejo tienen para mí con respecto a la desilusión?

LA VOZ DE LOS MAESTROS:

¿Dónde sientes la desilusión? ¿En tu mente o en tu corazón?

La estoy procesando en mi mente, pero deseaba ese trabajo con mi corazón.

Recuerda que cada ahora es un nuevo ahora, otra oportunidad para desarrollar tu potencial. Confía en el divino fluir de las cosas. Todo cumple un propósito que se suma a la tarea de cultivar la grandeza del yo verdadero.

Siempre hay algo más evolucionado que todas las personas deseosas de dar pueden hacer. De acuerdo con la ley de la expansión, todo se mueve siempre hacia adelante.

Confía en nosotros, amada. Estamos contigo en tu camino. El secreto de la simplicidad como forma de ver la vida es un conocimiento que debe comprenderse y compartirse. Vive de acuerdo con él en este momento.

Sí, lo sé, Maestros. Es lo que deseo darle al mundo. He pedido esto desde hace mucho tiempo, y he aquí la oportunidad para poner en práctica la simplicidad, para ser consecuente conmigo misma. Gracias.

El amor y la magia te esperan.
Inhala paz, exhala sabiduría.
Inhala paz, exhala armonía.
Confía, amada, en las fuerzas divinas y recibirás guía para andar por tu sendero. Aprópiate de la ley de la aceptación.

CINCUENTA Y UNO

LA ARMONÍA

LA VOZ DE LOS MAESTROS:

Armonía es la alineación interior y la alineación con todo. Sentirse a gusto con lo que son y con su forma de vivir produce armonía. Es un estado de serenidad. Respirar es algo fácil y tranquilo cuando se está en armonía. Nada parece requerir esfuerzo.

En una escala más amplia, armonía es alineación con el ser en cada ahora de la existencia. En ese ámbito, el yo verdadero siempre está en armonía. Para la persona, la alineación viene de aceptar cada ahora como el único momento para ser y vivir. La armonía está a disposición de quienes viven en el presente.

La armonía comienza en el interior. Si la experimentan primero ustedes, entonces podrán compartirla. Es cohesiva.

Cuando hay armonía interior es posible forjar comunidades de amor y paz. Así pues, permitan que la voz de la Divinidad les susurre al oído: "Estén tranquilos, estén en paz", y entréguense a las sensaciones de armonía de su cuerpo.

La armonía es la antesala de la paz, la paz antecede a la unidad, y la unidad precede a las comunidades de amor. Las comunidades de amor crean naciones de grandeza.

Déjense llevar por la simplicidad de la vida.

Declaren la intención de estar en paz.

CINCUENTA Y DOS

LA EVOLUCIÓN

LA VOZ DE LOS MAESTROS:

Sigan evolucionando para convertirse cada vez en seres más amorosos, más abiertos y más sabios. La evolución es el fruto que nace de sembrar la semilla de la realización y la satisfacción.

Ayuden a otros a evolucionar y para ello sean una presencia de conocimiento, y simplemente escuchen los deseos del corazón de los demás. También compartan sus dones con los otros.

La evolución es un fluir constante de las cosas en pos de alcanzar su pleno potencial.

¿Qué pasa si nuestra evolución se detiene por un momento?

Debido a la ley de la expansión, el crecimiento se reanudará tarde o temprano. Con el tiempo, todo evoluciona hacia algo más complejo, inteligente, organizado y completo.

El objetivo último de la evolución es la unicidad. Muchas personas no están conscientes de su unicidad inherente. Cada uno de nosotros debe sanar y evolucionar para comprender que somos parte del todo.

CINCUENTA Y TRES

EL EXISTIR

LA VOZ DE LOS MAESTROS:

Existir es el estado de estar en el ahora. Existir en el yo.

El yo verdadero es infinito porque es unicidad. La conciencia es ilimitada. Aunque el cuerpo humano está encerrado dentro de la piel, algo del yo verdadero habita en él y les permite experimentar conscientemente la unicidad.

Acojan su potencialidad y vean hasta dónde pueden llegar en su existencia con las diversas cualidades que encarnan como seres humanos.

La verdadera existencia se vive por medio de la mente y el corazón, y también del cuerpo. La mente ordena con sus pensamientos y el corazón actúa con su amor y su verdad infinitos. El cuerpo es donde se experimenta la vida.

Recuerden que su corazón es el motor de lo que ustedes manifiestan puesto que tiene acceso a la Divinidad.

La tríada de su ser consta de la Divinidad, la mente y el corazón. No hay falla alguna en la existencia cuando se vive desde esta tríada.

La existencia puede serlo todo, o puede ser nada. Es eterna. Puede ser visible y puede también ser invisible. Solo los ojos de la Divinidad experimentan la unicidad de todo lo que existe o puede llegar a existir. Sean fieles a su corazón y tendrán acceso a su verdadera naturaleza. Sumérjanse en el océano del amor y presenten sus cualidades divinas al mundo.

¿Cuáles cualidades son divinas?

El amor, la generosidad, plenitud, la paz, la alegría, la luz y la unicidad.

CINCUENTA Y CUATRO

LA PROCRASTINACIÓN

Buenos días, Divinos Maestros. Mi pregunta apremiante para hoy es, ¿Cómo nos dejamos atrapar los seres humanos en la procrastinación?

LA VOZ DE LOS MAESTROS:

Por falta de voluntad. Quienes caen en el aplazamiento no tienen el compromiso suficiente con realizar el potencial que los impulse a actuar y superar sus temores y dudas.

La procrastinación engendra insatisfacción y culpa.

No se dejen apresar por el hábito de la procrastinación ni vivan con el tormento de la mente que los juzga. Eviten quedar atascados en el círculo interminable en el cual se sienten mal consigo mismos, y para lograrlo cultiven la voluntad de hacer las cosas. Adopten la práctica de reemplazar los pensamientos negativos por pensamientos positivos y de animarse con el reconocimiento amoroso de lo que valen. Utilicen las cualidades de su corazón y su mente para vencer todo lo que contribuya al aplazamiento.

Permitan que su voluntad se expanda y manténganse en paz. Sean más fuertes que toda pereza o debilidad de su mente que les impida tener éxito en su empeño de explorar su potencialidad. Si es necesario, avancen lentamente hacia su grandeza, pero no se detengan.

Alineen su mente y su cuerpo con la visión de su objetivo y no duden en satisfacer el deseo de ese resultado. Celebren los triunfos alcanzados a lo largo del camino. Manténganse abiertos a los cambios que ocurran.

Cada ahora es impredecible. Libérense del estrés y la ansiedad. Relájense y confíen. Cada vez que se sientan agobiados, hagan una pausa y respiren.

Inhalen paz, exhalen confianza.

CINCUENTA Y CINCO

EL AMOR DIVINO

LA VOZ DE LOS MAESTROS:

El amor divino es la fuerza y la presencia suprema. Nos envuelve a todos, maestros y humanos. Llena de amor y paz todo lo que existe. Todos pueden participar del amor divino conectándose, desde el corazón, con su naturaleza más pura. Es sabiduría interior e intención certera.

Lo que esto quiere decir es que cuando la intención proviene del yo divino y del corazón, no hay probabilidad de error porque es fiel al ser y cuenta con el apoyo de las leyes de la existencia. Es pura y es lo que el corazón desea.

El amor divino abarca toda la creación. Su esencia es de la naturaleza más pura. La única forma de experimentarlo es en el silencio del alma. Si se sientan en silencio y muy quietos, podrán entrar en un estado de gracia en donde reinan solamente la paz, el fluir y la dicha. La gracia es una prueba de la unicidad. Cuando reciban la gracia del amor divino, podrán percibir que no hay separación, solamente amor.

El amor divino es infinito. En su esencia, todas las cualidades de la Divinidad son ilimitadas.

¿Qué podemos hacer para cultivar el amor divino todos los días?

Destinen tiempo diariamente a experimentar su ser divino. Viajen a su interior, al silencio del alma, y descansen allí. Sean como la nada. Descansen en el ahora eterno.

Libérense de su mente y su cuerpo sumergiéndose en el vasto océano de la paz y la unicidad eternas.

¿Cómo puedo ser presencia divina para los demás el día de hoy?

Expresando las cualidades de la Divinidad. Sean. Sean perdón. Sean humildes. Sean. Sean compasión. Sean. Sean munificentes en su gracia. Abran sus corazones y vean el yo verdadero detrás de las máscaras que la gente utiliza.

¿Algún otro mensaje?

La vida es cuestión de comprender la humanidad desde el corazón y expresar el yo divino.

CINCUENTA Y SEIS

EL DESAPEGO

LA VOZ DE LOS MAESTROS:

El desapego es la entrega al yo verdadero y a la vastedad de la existencia. Es libertad. Es perderse en la Divinidad y entregarse a la simplicidad de la existencia.

Desprenderse es sentir libertad y serenidad interior independientemente de lo que suceda a nuestro alrededor. Es un proceso o evento de entregarse con confianza a la esencia del ser.

Desprenderse también es ser quienes son sin usar máscaras. Esta ausencia de ego es significativa. Es importante desapegarse de los roles que desempeñan en la vida y de las falsas identidades que fabrican para poder representar esos personajes.

Caminen descalzos por el bosque de la vida y déjense envolver por la dulzura de la naturaleza. No hay dinero, ni lujos, ni poder social que pueda compararse con la paz interior. Despréndanse de las cadenas de toda falsa identidad asociada con el dinero, el lujo, o la posición, y serán libres.

Pueden tener todas esas cosas, pero su objetivo debe ser desapegarse internamente de ellas.

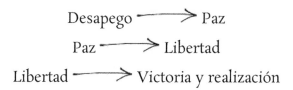

La victoria de ser la simplicidad del yo verdadero, es decir, la grandeza de la existencia.

CINCUENTA Y SIETE

LA REENCARNACIÓN

Amados Maestros, ¿existe la reencarnación?

LA VOZ DE LOS MAESTROS:

Sí. Renacer es iniciar una vida o existencia nueva en el ahora de las vastas posibilidades. Cuando la materia de un cuerpo humano se deteriora se produce una reorganización de la energía para manifestarse nuevamente. El yo verdadero adquiere nueva forma para poder continuar su evolución y expansión hacia la unicidad.

Sin muerte y renacimiento no habría evolución. La evolución es un proceso de ordenamiento intrínseco y reorganización de las formas en algo más evolucionado.

Cuán maravilloso es que el alma tenga la oportunidad de vivir una y otra vez. Cada vez que renacen tienen la oportunidad de alcanzar una grandeza mayor que en su existencia anterior.

Esto se vuelve aún más interesante cuando se toma conciencia de que cada vez que ustedes, hermosos seres, despiertan tras una noche de sueño reparador también renacen como un nuevo yo a un nuevo ahora de su existencia. Aprovechen esa oportunidad para tomar conciencia de las cualidades que desean encarnar, cultivar y compartir. A lo largo del día, sean conscientes y estén llenos de propósito con el nuevo yo que presentan a los demás y al mundo.

Sean para el mundo que los rodea, y el mundo que los rodea será como ustedes. Respiren y sean. No hay necesidad de hacer, y hacer y hacer. Solo sean. Sean vehículos de unicidad y vidas conscientes de unidad y amor.

Entonces, ¿qué desean tener y ver en sus vidas? Si desean alegría, sean alegres. ¿Generosidad? Sean generosos. ¿Amor? Ámense a sí mismos. ¿Perdón? Perdónense. ¿Bondad? Sean buenos con ustedes mismos. ¿Abundancia? Sean abundantes con todas las virtudes del yo y las cualidades del corazón que engendran verdadera riqueza y grandeza. ¿Armonía? Mantengan la paz interior. ¿Aceptación? Ante todo, acéptense y ámense tal como son.

CINCUENTA Y OCHO

LA VERDAD DE SU EXISTENCIA

Divinos Maestros, acojo su presencia y estoy lista para recibir sus mensajes con gratitud. ¿Qué desean revelarme?

LA VOZ DE LOS MAESTROS:

La verdad de tu propia existencia.

¡Qué maravilla! ¡Sí, por favor! ¿Cuál es la verdad?

Que eres luz y amor. Vive desde esa verdad, es una declaración divina. Te has preparado para evolucionar y estar con el conocimiento y el deseo profundo. Anhelabas dar amor y sabiduría, y se ha manifestado.

Sí, y me siento muy complacida y agradecida de vivir con un propósito. ¡Vida con propósito!

Tu energía es más grande y más poderosa de lo que puedes imaginar. Todas las mañanas, con los ojos cerrados, declara desde tu corazón:
"Soy amor y este amor es para todos".
"Soy luz y mi luz ilumina a todos".
"Soy fuerza viva y mi energía lo impulsa todo".
"Me entrego en devoción por el amor y la grandeza".
"Así es, así será, así es".

Pronuncia estas palabras afirmativas de magia diaria y verás desenvolver tu creatividad. Esto te ayudará a evolucionar hasta ser una presencia que contribuye a la expansión y al despertar de la humanidad.

Esto es maravilloso. Gracias por esta herramienta. ¿Puedo compartirla?

Sí, con quienes creas que ya están listos y evolucionando en su conciencia. Compártelo con quienes tienen abiertos sus corazones. También deberán pronunciar estas palabras todos los días.

CINCUENTA Y NUEVE

EL RECICLAR DE LAS PARTES

LA VOZ DE LOS MAESTROS:

Observen el movimiento de todas las cosas, siendo y viviendo. Observen cómo cada cosa tiene un poder interno y cómo sus fuerzas están alineadas con las fuerzas de la creación. ¡Todo está en movimiento!

Es importante que comprendan el movimiento y el reciclar de todas las partes de la existencia. Esto les ayudará a moverse con los ciclos. Ustedes tienen sus ciclos internos durante los cuales reordenan o se rehacen en algo nuevo para cada ahora. Por favor acepten y comprendan que el cambio y el movimiento tienen que ocurrirles a todas las formas de energía.

Cada ser humano es energía en movimiento en la eternidad de la existencia.

Por favor acojan los cambios en su vida. No se resistan al movimiento y al reordenamiento de las cosas, o de lo contrario les traerán sufrimiento. Todo debe evolucionar en el ámbito de la existencia verdadera, y la existencia verdadera es infinita, imperecedera, sempiterna y una sola.

También acepten por favor las pérdidas como nuevos comienzos tanto para cada uno como para los demás. Todos están pasando por la transformación de su energía en algo nuevo. Ustedes también. Cuando experimentan una pérdida, también su realidad se rehace.

Aunque la pérdida duela, acójanla. Aprópiense transitoriamente de la frecuencia del dolor y después déjenla ir. Dejen ir el sufrimiento. Comprendan que el todo y la totalidad de las cosas se sostienen en equilibrio y orden perfecto aunque, por momentos, pareciera que no es así. Siempre hay un desarreglo temporal en el proceso de la evolución y el movimiento hacia un nuevo ahora de la existencia.

Si comprenden esto, aliviarán su sufrimiento.

Báñense en las aguas de la sabiduría de la vida y deshágase de los desechos que no los nutren ni les sirven. Dejen ir los viejos hábitos. Dejen ir los pensamientos limitantes. Esa es la forma de cambiar sus creencias y reciclarse en cada nuevo ahora.

LAS LLAVES DEL AMOR Y LA FELICIDAD

¿Qué otra cosa podemos hacer para mover y reciclar nuestra energía?

Muevan la energía de su cuerpo haciendo aquello para lo cual se hizo el cuerpo: el movimiento. Así es que muévanse. Es algo que está en consonancia con el orden perfecto y la inteligencia infinita de Dios. Disfruten esa maquinaria perfecta que poseen. Sean amor y luz en movimiento.

Movimiento = Cambio

Cambio ⟶ Nueva manifestación de la materia y la energía en un nuevo ahora

Sean amor en movimiento.
Sean luz en movimiento.
Sean conocimiento en evolución.
Sean unicidad al unísono.

SESENTA

LA SINGULARIDAD

LA VOZ DE LOS MAESTROS:

Una singularidad es la expresión más simple de la energía que se desplaza hacia la totalidad de la existencia en el ahora. *Singularidad gravitacional* es un término utilizado en física para definir la partícula como una expresión de la materia bajo compresión a medida que cae en un agujero negro.

¿De qué manera vernos como una singularidad nos sirve para la vida?

Ustedes son energía expresada en materia, condensada en un cuerpo. La expresión única de sus cuerpos es una chispa de la energía de toda la existencia. Es parte de la expresión infinita de la vida en forma material, existente en una expresión minúscula de energía, como el átomo.

Como seres de energía, los humanos son expresiones complejas, aunque a la vez son sencillos. Juntos existen como un grupo completo de energía que se expresa como si fuera singular. Las personas se correlacionan entre sí.

¿Cómo impacta nuestra vida cotidiana esta idea de que los seres humanos somos singularidades? ¿Cómo aplicamos esta información para el bien de todos?

Sean tan complejos y tan simples como la expresión más elemental del yo, es decir, el yo puro. El yo puro es a la vez fuente y receptor. Es el recipiente en el que caben todas las expresiones de vida, incluidos ustedes.

Que la simplicidad sea su oración, el principio fundamental de su fe. Utilicen la simplicidad como medio para relacionarse entre ustedes. La forma más sencilla es ser auténticos.

Acepten su originalidad y avancen en todo desde ese estado del ser. Comprendan y acojan el hecho de que todo lo que hay es su ser y no tienen nada que buscar afuera. Sencillamente descubran lo que son y acojan su esencia genuina para existir con facilidad y tranquilidad en su propia expresión de la creación.

Sean tan simples como el acto de respirar, tan fáciles como el parpadeo de los ojos, tan incluyentes de su naturaleza y tan excluyentes de su no-realidad en el ahora. Con esto lo que queremos decir es que no traten de hacer suyo nada cuya realidad no sientan que esté en consonancia con su verdad interior, su yo verdadero o su corazón. En otras palabras, no acepten nada como verdad si no resuena con ustedes.

La existencia es simple si comprenden que lo único que deben ser y a lo que deben evolucionar ya está dentro de ustedes y es su potencialidad. Está en su cuerpo y su mente, en el potencial magnífico que todos ustedes encarnan.

Cuando deseen recordar que deben ser simples, cierren los ojos y destinen unos instantes a respirar en silencio. Disfruten su paz interior y difundan esa frecuencia a cada una de las células de su cuerpo. Sientan paz en el corazón. Permanezcan en ese estado, independientemente de lo que suceda a su alrededor. Recuerden reconectar consigo mismos cada vez que quieran estar afianzados en la paz y en el conocimiento superior.

Tomen las riendas de su existencia en cada ahora. Reciban con beneplácito solamente las experiencias que dan libertad a su corazón, que los llenan de paz y les aportan la alegría de sentirse realizados al convertirse en seres más felices y evolucionados.

LAS LLAVES DEL AMOR Y LA FELICIDAD

Acojan la armonía en sus relaciones. No traten de demostrar lo que son o las cosas con las que concuerdan desde el punto de vista del conocimiento. No sean esclavos del ego. Antes bien, sean los dueños de su corazón y escuchen a su yo superior.

SESENTA Y UNO

EMPATÍA Y CONEXIÓN

Divinos Maestros, ¿qué desean mostrar o revelar hoy?

LA VOZ DE LOS MAESTROS:

Compasión y conexión.

¿Por qué estas dos cualidades juntas?

Porque la una lleva a la otra. Si no sienten compasión, sentimientos de hermandad por otra persona, no puede haber conexión.

La compasión habita en los corazones de quienes desean dar y recibir. En la red de relaciones humanas, todo está interconectado. Lo que son es lo que reciben de la vida. Reciben lo que piden. Tan pronto sienten compasión por sí mismos comienzan a sentirse dignos de recibir. Entonces la conexión que tienen con los demás es una matriz en la cual se pueden relacionar.

La conexión con los demás comienza en el interior. Cuando se conectan con su corazón y se dejan guiar por él, están listos para dar. Las cualidades de su ser cumplen un propósito en las vidas de los demás, complementan las cualidades esenciales de los otros.

Hay una correlación imperecedera en la naturaleza, un compartir continuo de fuerzas a partir del cual se crea un equilibrio para todos los seres vivos que se apoyan los unos a los otros en la existencia, es decir, la *coexistencia*. Si comprendieran el poder que ejerce su existencia sobre los demás serían más conscientes y cambiarían su forma de actuar.

El cambio debe comenzar en su interior. Sus pensamientos crean una realidad, no solamente para ustedes sino para los demás, porque sus pensamientos determinan sus actos.

Desde nuestro punto de vista, la conexión en la matriz de la existencia es obvia. Ustedes deben elevar su conciencia hasta un nivel que les permita ver esto claramente.

Sientan amor auténtico por ustedes mismos y podrán amar a los demás. Acaríciense con pensamientos de expansión y bondad y comenzarán a ver una realidad que los nutre y nutre a los demás. Si sus actos están en consonancia con las leyes de la existencia, experimentarán orden, expansión, unidad, felicidad y realización.

¿Comprenden cómo la conexión crea una fuerza más grande, más poderosa y estable de orden, equilibrio y armonía?

Hagan lo posible todos los días por ser conscientes de la forma como su presencia y energía, expresadas en pensamientos, emociones y actos, generan una realidad para cada uno de ustedes y para quienes los rodean.

El objetivo último de su existencia es la unicidad, y esta solo se puede lograr y experimentar por medio de la conexión. El origen es conocer su relación interior con la fuente de todo lo que existe y todo lo que emana de ella.

Todo ser humano lleva esta misma energía intrínsecamente. Esta energía se comparte y se experimenta como un todo en la matriz de la existencia. Eso es unicidad.

SESENTA Y DOS

LA MAJESTAD DEL CORAZÓN

Divinos Maestros de la Verdad, gracias por su presencia entre nosotros.

LA VOZ DE LOS MAESTROS:

Estamos agradecidos por tu dedicación y compromiso.

Hoy queremos compartir conocimiento sobre la majestad y el poder del corazón. Por medio de la sabiduría del corazón podrán alcanzar la felicidad duradera. Centren siempre la conciencia en el corazón, independientemente de la experiencia en la que estén inmersos o de cualquier circunstancia que estén viviendo. El resultado de esa decisión les traerá satisfacción y plenitud.

Midan la grandeza de los demás solamente desde su corazón, seguros de que lo que miden son en realidad sus propias cualidades y valía. El valor del yo es inconmensurable.

¿Cómo centramos la conciencia en el corazón?

Sencillamente cierren los ojos y vayan al corazón, adéntrense en ese espacio. Comenzarán por sentir gratitud, amor por sí mismos, alegría y deseos de permanecer allí. Si piensan en cada una de las cualidades del corazón con la intención de sentirlas y vivirlas, podrán difundirlas por el mundo y el cosmos como polvo de luz y amor. Con ello elevarán la vibración de la creación y contribuirán a la unicidad.

El sueño también es importante para su corazón. Dormir es el medio para restablecer el equilibrio y reordenar su sistema físico; también es la oportunidad para que el alma se bañe en la pureza del amor divino y la presencia infinita.

¡Cuiden de ustedes mismos durmiendo bien todos los días!

SESENTA Y TRES

LA TRANQUILIDAD

LA VOZ DE LOS MAESTROS:

La tranquilidad es un suave fluir de la energía que está en consonancia con las leyes de la existencia. La tranquilidad trae paz y armonía, de manera que reciban la vida con tranquilidad. Permitan que los vientos de la sabiduría acaricien sus corazones y que los sonidos de la naturaleza guíen sus pasos.

Vivan la vida de un modo tranquilo. Relaciónense con ustedes mismos desde la tranquilidad. Acepten serenamente los sucesos de su vida. Comprendan tranquilamente sus errores y debilidades.

La insatisfacción puede perturbar la tranquilidad. No impongan esa carga innecesaria a su corazón. El corazón es puro en su esencia, de manera que el sufrimiento no tiene cabida en él. Es solamente el ego el que sufre y se siente insatisfecho, pero el corazón permanece incólume ante el ego y ¡por tanto no sufrirán si viven desde el corazón!

Es importante que reconozcan en qué parte de su ser experimentan el malestar, la insatisfacción y el dolor, si es que lo experimentan. Si la fuente del malestar es la mente, es porque están viviendo en el pasado o en el futuro. La tranquilidad ocurre siempre en el presente. Decidan vivir sin tribulaciones, relacionándose con ustedes mismos y con los demás desde un espacio sincero y sagrado de pureza.

¿Cómo prefieren vivir? ¿Tranquilos o insatisfechos? El ego escogerá el camino negativo, mientras que el corazón escogerá el amor, la empatía, la unidad, la expansión y la armonía.

Que el deseo de sus corazones de estar en paz y felices sea más fuerte que las exigencias egoístas de la mente. La sabiduría del corazón no pesa. El ego es pesado. Tengan la sabiduría para identificar lo que no le pertenece al yo verdadero. Sean sencillos. Sientan.

Habrá momentos en que deban aplicar lo que saben en un nivel más profundo de su existencia. Opten por aquello que esté en consonancia con su corazón y su deseo profundo de amar, evolucionar y hacer el bien. Escuchen la voz de la Divinidad en su interior.

Con ello simplificarán su ser y su hacer.

Para crear tranquilidad cada vez que se sientan vulnerables, cierren los ojos.

LAS LLAVES DEL AMOR Y LA FELICIDAD

Inhalen luz y exhalen paz.
Inhalen amor y exhalen armonía.
Inhalen la luz de la fuente y exhalen calma.

Recuerden: vivir en conciencia significa utilizar el conocimiento superior y la sabiduría interior para sentirse tan felices y satisfechos que pueden abrirse y relacionarse felizmente con los demás.

Mantengan la tranquilidad y vivan en conciencia en cada ahora. A veces la vida les muestra algo que no esperan ni desean. Es una oportunidad para elegir: ¿Prefieren experimentar paz interior y satisfacción, o desarmonía y victimización?

Respiren. Respiren y tomen conciencia. Están rodeados de grandeza, equilibrio, paz y amor.

SESENTA Y CUATRO

LAS COMUNIDADES DE AMOR

LA VOZ DE LOS MAESTROS:

Queremos hablar hoy sobre las comunidades de amor. Ese tipo de comunidad es un colectivo para la vida consciente cuya filosofía se basa en compartir solamente las cualidades del corazón para el bien de todos los individuos de la comunidad, reconociendo el impacto que se generará alrededor de todo el círculo de amor.

El punto de partida para crear una comunidad de amor es practicar el amor y el perdón hacia uno mismo, reconectándose con el corazón y abandonando el ego. Esto les permitirá sentir cuán dignos son de recibir la gracia Divina y todas las maravillas que la creación tiene para ustedes.

Exploren su potencialidad dentro de su comunidad de amor para descubrir los dones que, al compartirlos, les generan un mayor sentimiento de realización.

La dualidad es una cualidad intrínseca de su aspecto humano. Acepten las expresiones complementarias de la energía en su existencia ¡y así podrán forjar y mantener relaciones basadas en la compasión, la empatía y la inclusión!

Tomen conciencia de todo lo que sostiene sus vidas y cuídenlo: los mares, los suelos, los animales, las plantas y el aire. Reconozcan que todos ellos son parte del ciclo de la vida del cual forma parte su comunidad de amor.

Continúen evolucionando su conciencia mediante prácticas que cultivan el potencial de su yo superior, prácticas como la respiración consciente, la meditación, la contemplación, dar sin esperar a cambio, el silencio y la quietud.

A medida que evolucionan hacia una existencia más consciente y se sienten más satisfechos en su interior, aporten esa satisfacción y ese amor por ustedes mismos, su paz, su valor y su armonía interior a la vida con propósito de su comunidad de amor. Eso les ayudará a expandir y compartir esas cualidades.

Una comunidad de amor puede abarcar desde una familia hasta todo un país. Es asociativa e incluyente, y crece constantemente. Los llevará desde una experiencia de entrega hasta la experiencia de realización colectiva. Las comunidades de amor unen a las personas y les brindan un lugar para compartir las victorias y alegrarse por la plenitud de cada uno de sus integrantes. Las personas pueden crecer juntas. Los miembros de la comunidad aman incondicionalmente, sin roles, sin estatus, sin máscaras del ego.

La unicidad llegará al mundo por la vía de la coexistencia armoniosa en comunidades de amor.

SESENTA Y CINCO

LA INSPIRACIÓN

Divinos Maestros amorosos y asombrosos, me siento muy feliz de reunirme nuevamente con ustedes y recibir su conocimiento superior. ¿Cuál es el tema de hoy?

LA VOZ DE LOS MAESTROS:

La inspiración.

Servir de inspiración significa derramar un manantial de bendiciones sobre cada una de las personas con quienes interactúen. Significa compartir sus dones y luces para la evolución de otros sin necesidad de recibir reconocimiento, elogio, aprobación o gratitud. Inspiren a otros con solo ser la versión más grandiosa de lo que son y a base de estar guiados por la voz de sus corazones y la luminosidad de sus mentes.

Podrán inspirarse si cultivan las cualidades del corazón y si se sirven a sí mismos y a los demás para la evolución, el amor y la grandeza.

Me encanta esto, Maestros. Es una fórmula clara y sencilla para la vida.

Sí, un conocimiento fácil de comprender y de aplicar.
Solamente inspiran los sabios y humildes que encarnan la esencia de lo que son realmente.

SESENTA Y SEIS

LA MAGIA

LA VOZ DE LOS MAESTROS:

Magia es vivir fácilmente, en armonía con las leyes de la existencia. Así, todas las fuerzas conspiran a favor de existir, de hacer y de la evolución.

¿Cómo podemos gozar de esa magia?

Si se sienten dignos de recibir las bendiciones de la vida, experimentarán la magia. Confíen en su conexión intrínseca con la Divinidad y las fuerzas del universo.

Experimentar la magia equivale a haber comprendido su naturaleza infinita y haber reconocido su derecho a crear sin límites. Alégrense en la manifestación de sus deseos.

Avancen por la vida con aceptación, facilidad, confianza y conexión, y todas las fuerzas que sostienen la creación crearán magia para ustedes.

Esta es una práctica que les permitirá ver la magia.

Cada mañana, o en cada ahora del día, cierren los ojos y respiren, llevando la conciencia a todo su ser: mente, cuerpo y alma.

Cuando se sientan centrados y alineados, visualicen y sientan que inhalan la luz de la Divinidad.

Después inhalen todas las energías y fuerzas que alimentan la vida.

Piensen en un deseo de su corazón. Siéntanlo y déjenlo allí. Desde el corazón, entréguenlo a la inteligencia divina con profunda confianza. Espárzanlo en forma de polvo de amor y confianza.

Disfruten la manifestación de su deseo en el corazón como si ya fuera realidad.

Finalicen la práctica expresando gratitud profunda y sincera por la manifestación de ese profundo deseo.

Siéntanse dignos. Siéntanse completos.

Presten atención a las señales de la magia en medio de sus labores cotidianas.

¿La magia está al alcance de todo el mundo?

LAS LLAVES DEL AMOR Y LA FELICIDAD

¡Por supuesto, amada! La magia les pertenece por derecho.

Báñense en el polvo cósmico de la magia que la Divinidad derrama constantemente sobre ustedes. Véanla, siéntanla y disfrútenla. La magia —la gracia— está presente para regocijo de ustedes.

SESENTA Y SIETE

LA ILUMINACIÓN

Divinos Maestros del Amor y la Felicidad, estoy aquí ante ustedes para entregarme a su presencia, su guía y su conocimiento superior. ¿Qué desean revelar?

LA VOZ DE LOS MAESTROS:

Hablemos de la iluminación, la más grande expansión del ser en su viaje de evolución.

Alcanzar la iluminación significa poder reconocer las debilidades y estar dispuestos a superarlas desde el corazón. Significa evolucionar como un ser en conexión verdadera con su yo y con todo aquello que hace posible su existencia.

Aborden las experiencias de la vida como oportunidades para comprobar la grandeza de sus corazones y el esplendor de sus mentes. Tomen las mejores decisiones posibles para establecer una conexión verdadera con su esencia divina, pues es ella su verdadera naturaleza y su origen.

Desechen las tentaciones que alimentarían su yo egoísta. Elijan aquello que les permita crecer en espíritu. Libérense de las cadenas que ustedes mismos forjan cuando se juzgan y se condenan. Recuerden que la tendencia natural de su yo es expandirse hacia la grandeza, explorar su potencial.

La iluminación viene de enfocarlo todo con simplicidad. Si han comprendido sus cualidades divinas podrán evolucionar, independientemente de cuáles sean sus características humanas.

Las personas iluminadas viven la verdad del corazón y la sabiduría del verdadero yo (el alma).

¿Cómo alcanzamos la iluminación?

Cultiven las cualidades del corazón. Sean veraces en su existencia.

Comprométanse con una vida de conexión, compasión y unidad en la que su libertad emane de la sencillez de su expresión y la grandiosidad de expresar su yo auténtico. Elévense por encima de las limitaciones de la mente y el ego. Además, despréndanse de las cadenas de la adicción y de la necesidad de definirlo todo y a todos con base en su propia realidad y expectativas.

Recurran a las prácticas que han demostrado ser útiles para cultivar el conocimiento de sí mismos, el silencio interior y la alineación entre el cuerpo, la mente y el espíritu.

La iluminación conduce en última instancia a la unicidad.

SESENTA Y OCHO

EL CONTRAPESO

LA VOZ DE LOS MAESTROS:

El contrapeso es un recurso de amortiguación que se utiliza cuando busquen estar en equilibro. Si no está funcionando el equilibrio, elijan por defecto el contrapeso.

¿Cómo funciona?

La acción de una fuerza opuesta es lo que genera equilibrio. Aunque en primera instancia podría parecer una fuente pasajera de perturbación, lo que hace es generar sintropía.

¿Me podrían dar un ejemplo práctico claro?

¡Sí! En una situación en la que se sientan alterados o emocionalmente desequilibrados, en particular si ya han tratado de restablecer el equilibrio, podrán hacer contrapeso sumergiéndose más profundamente en la situación o experiencia. Quizás hayan intentado una técnica de autoayuda o establecido una intención para lograr el equilibrio. Mediante la visualización —un ensayo mental y emocional— intensifiquen el efecto de las variables causantes de su desequilibrio.

El hecho de incrementar internamente sus sentimientos actúa como catalizador para restablecer el orden. Esto sucederá por defecto. La tendencia a restablecer la sintropía después de una perturbación interior es parte de la naturaleza intrínseca del yo y de la psicología de todos los organismos vivos.

En este caso, cuando se agrega una intensificación, las técnicas de autoconocimiento y paz interior funcionarán certeramente, restableciendo el equilibrio interno.

El contrapeso es una herramienta de la conciencia. Solamente funciona cuando se es consciente de la necesidad de aplicarla y cuando existe la intención de recuperar el equilibrio.

¿Por qué es importante aprender esta técnica?

LAS LLAVES DEL AMOR Y LA FELICIDAD

Porque para que puedan generar armonía y unidad es preciso que haya equilibrio en su interior y en sus colectivos. Es necesario experimentar el equilibrio individual y colectivo a como dé lugar para que puedan vivir en la unicidad, objetivo último de la existencia.

Orden ⟵⟶ Equilibrio
Equilibrio ⟶ Satisfacción
Satisfacción ⟶ Armonía
Armonía ⟶ Paz
Paz ⟶ Unidad y amor
Unidad y amor ⟶ Unicidad

SESENTA Y NUEVE

LA COMPASIÓN

¿Maestros, qué es la compasión?

LA VOZ DE LOS MAESTROS:

Un sentimiento elevado de amor por ustedes mismos o por el otro.

Para experimentar la compasión, primero deben comprender sus propias debilidades. Solo entonces podrán sentir y reconocer las debilidades de los demás como propias y experimentar verdadera compasión por ellos. En el ámbito del amor verdadero y de la unicidad, la compasión se manifiesta sencillamente como un don esencial o una cualidad del yo.

La compasión es generosidad de espíritu. Implica entregar sus dones para acoger y sanar las debilidades y el sufrimiento del otro. La compasión es amor en acción entre los seres.

La compasión es no ver carencia o enfermedad en los otros sino su potencial para el bienestar y la validez. El propósito evolutivo de la compasión es formar vínculos para poder crecer en mutua alegría.

Si supieran cuán sencillo es ser uno solo, evitarían todo el sufrimiento, las luchas, el conflicto y el odio. Tan pronto acepten la verdad de que son chispas de la Luz Divina y el Espíritu Universal de existencia en el ahora eterno de la creación, podrán compartir la unicidad entre todos.

Podrán hallar la verdad en su interior. En su verdadero y divino yo.

SETENTA

LAS DISCULPAS

Buenas noches, Divinos Maestros del Conocimiento Superior. Me siento honrada de recibir su orientación y su amor. ¿Qué debo hacer esta noche? ¿Cómo puedo servirles a ustedes y al mundo?

LA VOZ DE LOS MAESTROS:

Las disculpas.

¿Qué significan?

Las disculpas surgen cuando la mente se justifica ante el ego. El yo verdadero y el corazón no necesitan que les pidan disculpas puesto que son una fuerza viviente de verdad y amor.

Por favor tengan presente quién es el que pide una disculpa. Es su ego o la mente, pues ambos necesitan controlar, manipular y juzgar, tanto a ustedes mismos como a los demás.

La única disculpa que le deben a su corazón es por no vivir desde él, por no nutrirlo con amor por sí mismos y con otros sentimientos y emociones que refuercen su alegría, equilibrio, armonía, paz, expansión y realización genuina.

Las disculpas son el producto de una existencia inconsciente y no centrada en el corazón.

Aquí es donde entra a actuar la ley del ahora. Si estuvieran conscientes de existir solamente en el instante de la creación que es el ahora, sus decisiones, procederes y palabras les dejarían solamente satisfacción, paz, armonía y unidad. No se necesitarían ni existirían las disculpas.

Podrán tener que disculparse si crean separación de los demás por creerse superiores o inferiores. La separación se crea cuando juzgan, controlan, victimizan, manipulan, dañan o riñen.

Por favor vivan desde el corazón y hagan lo posible por cultivar el amor, el amor por sí mismos, la generosidad, la unidad, la conciencia de lo que son, la ecuanimidad, la compasión, la conmiseración y la gratitud. De esa manera podrán vivir y relacionarse por medio de las cualidades y aspectos del yo que generan relaciones armoniosas, serenas y amorosas, sin separación. Entonces no tendrán necesidad de pedir disculpas porque estarán viviendo una existencia auténtica desde el corazón, ese espacio sagrado donde residen la felicidad y la realización.

Maestros, esto es bello e inspirador. Me enseña a estar centrada en el corazón y consciente del lugar donde vivo en mi interior: en la mente, en el ego o en el corazón.

¡Sí, amada! Eso es lo que significa estar consciente de la existencia. Vivir en conciencia contribuye a crear comunidades de amor y unicidad.

¿Qué otra cosa, Maestros?

No le pidan disculpas a nadie, solo a sí mismos, y solo por no vivir desde el corazón y escuchar la sabiduría de su alma.

Por el contrario, celebren la victoria de ser su esencia verdadera, seres divinos con un corazón abierto al amor, a dar, a recibir y a gozar de la realización de vivir en consonancia con sus orígenes divinos y las leyes de la existencia.

Sirvan de inspiración en lugar de disculparse.

Digamos que las disculpas son la voz del yo oculto (el ego) que desea ser reconocido y visto como el yo verdadero aunque es solamente una faceta de la totalidad del yo.

LAS LLAVES DEL AMOR Y LA FELICIDAD

Sean solamente su yo verdadero y experimentarán amor por sí mismos, paz y armonía en su interior y en el mundo que los rodea.

¡Gracias, Maestros! Con sus revelaciones de este conocimiento superior voy adquiriendo más conciencia y un mayor compromiso para con mi yo verdadero y una existencia más consciente, amorosa y centrada en el corazón. También me siento más inspirada a dejar una contribución positiva para el mundo y ser una presencia de amor para todos. Deseo seguir aprendiendo hasta convertirme en una supermaestra de amor.

Inhalen luz, exhalen paz.
Inhalen, exhalen armonía.
Inhalen amor, exhalen sabiduría.
Inhalen las partículas de luz divina, exhalen unicidad.
Inhalen paz, y habrá paz.
Inhalen su propia luz y habrá grandeza y existirá la unicidad.

¿Cuándo debo utilizar esta respiración, para alcanzar cuál estado?

Para centrarte y mantenerte en tu senda hacia una gran realización, unicidad y unidad interna y externa. Utiliza esta técnica de respiración para gozar de un vida tranquila, sin tribulaciones, alineada con las fuerzas de la creación.

Y recuerda: que vivir sea tan fácil como respirar o parpadear. El método de la simplicidad es muy, pero muy importante para una vida de felicidad y unicidad.

SETENTA Y UNO

LOS IMPULSOS DEL MOMENTO PRESENTE

Divinos Maestros de la Verdad, estoy a su servicio para el bien y la felicidad de todos. ¿Qué desean revelar, mostrar o enseñar para mí o para el mundo esta noche?

LA VOZ DE LOS MAESTROS:

El conocimiento que compartimos con ustedes es amplio, profundo y lleno de propósito. Encierra los códigos energéticos necesarios para lograr mayor evolución, amor y grandeza. Los estamos apoyando. Con nuestro amor y nuestra luz omnipresente sustentamos la matriz de la creación que subyace a todo lo que existe. El todo lo acoge todo en el vacío eterno de la existencia.

Cuando estoy creando, ¿cómo puedo reconocer los recursos que tengo a mi alcance?

Sentirás un impulso que es superior a tus creencias restrictivas y seguirás tus impulsos de manera natural. Eso es parte de toda la magnificencia y la grandeza que este viaje te ofrece.

Vivan todos en el ahora y entréguense con confianza a cada instante. Cada ahora encierra oportunidades extraordinarias para ustedes y su misión de marcar una diferencia en el mundo.

Gracias por abrazarme con su presencia amorosa y sabia, y por su guía.

SETENTA Y DOS

LA VIDA CONSCIENTE

Divinos Maestros del Amor y la Felicidad, recibo su amor, su luz y su conocimiento con mucha gratitud. ¡Gracias! ¿Qué desean mostrarme hoy?

LA VOZ DE LOS MAESTROS:

Todos los días, destinen tiempo para viajar a su interior durante uno, dos, tres o más minutos. Disfruten la paz presente en la inmensidad de la quietud interior. Permitan que la voz de la Divinidad le susurre al corazón los secretos de la existencia y la espléndida generosidad de la creación. Permitan que las fuerzas de la creación acaricien su ser con la inmensidad de su orden, coherencia e información.

Abran sus corazones al amor en movimiento que los rodea. Busquen en la mirada de cada persona que se cruce en su camino la verdad y el amor del interior. De eso están hechos: de amor y verdad.

Obedezcan a su corazón y sigan la inteligencia de su mente, pues ellos los guiarán a adentrarse por la senda más satisfactoria y placentera de su evolución.

Disfruten el viaje de una vida real y consciente, y atraerán a otros a disfrutarlo con ustedes. Reúnanse en escuelas que enseñen las habilidades del autoconocimiento donde las personas puedan evolucionar sin restricción. Creen espacios abiertos para compartir el amor y el conocimiento superior.

Compartan sus dones con la generosidad de la Divinidad.

Respirar es vida, y esta vida es para todos. Amar es un derecho, y este derecho es para todos. El aire y el amor son alimentos esenciales para el yo. Báñense en ellos diariamente. Después, salgan, abran sus corazones, respiren vida, amor y orden. Regocíjense en el acto de amar y recibir. Celebren su propia magnificencia.

Acojan cada ahora como el instante único en el cual es posible expresar y manifestar. Vivan conforme a la ley del ahora.

SETENTA Y TRES

LA UNICIDAD

Divinos seres de amor y conocimiento superior. Me produce gran emoción reunirme con ustedes esta noche nuevamente. ¿Qué debemos comprender acerca de la unidad y qué debemos hacer para alcanzarla?

LA VOZ DE LOS MAESTROS:

Unicidad.

¿Qué es la unicidad?

La unicidad es la unidad en cada ahora eterno de la existencia. La unicidad es todo y nada a la vez.

¿Por qué es importante alcanzar la unicidad?

Para poder comprender el origen y el objetivo último de la existencia. La unicidad es todas las fuerzas de la creación combinadas y acción simultánea en una multiplicidad de ahoras de la existencia. Es todas las expresiones de un ahora posible expresado eternamente en la infinidad de la existencia.

¡Caramba! Como persona humana me es difícil procesar esta definición de la unicidad.

Pero es una definición real puesto que abarca todas las percepciones que ustedes experimentan como realidad.

¿Cómo puedo enseñar la realidad de la unicidad?

Como el origen y a la vez la finalidad de la existencia en el ahora de la eternidad.

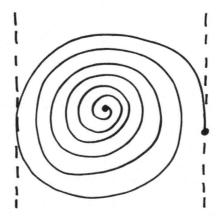

LAS LLAVES DEL AMOR Y LA FELICIDAD

Unicidad es existencia perdurable en el ahora de la eternidad, expresada en forma de experiencias múltiples de su propia potencialidad para existir. Una vez lograda la unicidad, podrán comprender el origen de la vida y todos los potenciales que existen en el océano de la creación.

Recuerden: todas las fuerzas del universo los sostienen y cada una desempeña un papel en su existencia para bien de su esencia y evolución.

SETENTA Y CUATRO

LAS TRANSICIONES

Aquí estoy, Maestros, lista para recibir su presencia. ¿Qué hay en su conciencia hoy?

LA VOZ DE LOS MAESTROS:

Transiciones.

¿Cuáles son las transiciones en nuestras vidas?

La experiencia transitoria de aprender en pro de un conocimiento más elevado y evolucionado en nuestras vidas.

Cada paso en el camino cumple un propósito para su evolución. Mantengan la conciencia despierta en cada ahora puesto que es una transición hacia el siguiente ahora en la evolución de su existencia.

Desde la perspectiva de la conciencia, el crecimiento y la expansión del ser ocurren mediante los cambios en el estado de la energía, ya sea cuando la energía se manifiesta en forma de expresión ilimitada de la conciencia misma o cuando está en forma material. Todo es energía.

Permitan que el movimiento de la vida siga su fluir natural. Todo en la creación fluye y se equilibra continuamente para el propósito de la unicidad.

¿Cómo nos alineamos con el fluir y el equilibrarse constante de la creación?

Entrando en sus corazones y reconociendo la consonancia entre la voz del corazón y la creación. La voz del corazón conoce y siente las fuerzas de la creación, puesto que todo comparte la misma naturaleza: todo es una expresión de la conciencia.

Cierren los ojos. Céntrense por medio de la respiración consciente. Entonces, desde su corazón, sientan su conexión con la energía de la Madre Tierra. Irradien su energía intrínseca —su luz interior— hasta los rincones más lejanos del universo, sintiendo unión perdurable en sus corazones, donde se convierten en el centro del lazo de la unión infinita. Sientan la comunión con la totalidad de la creación.

Al hacerlo, lograrán la unidad con el fluir sincrónico de las fuerzas del universo. Experimenten su unicidad, conciencia y orden divino.

SETENTA Y CINCO

EL AMOR INCONDICIONAL

Buenos días, Divinos Maestros del Amor y la Felicidad. ¿Qué sabiduría me espera hoy?

LA VOZ DE LOS MAESTROS:

Amor incondicional y magia. Amados, ustedes crean su propia realidad con las vibraciones de sus corazones.

El amor incondicional es una fuerza motriz de integralidad que todo lo impregna para el bien de todos. Es la aceptación de todas las expresiones de la creación como unificadas, independientemente de las diferencias. En la energía no hay dualidad ni separación. Toda la energía está contenida y se expresa, se comparte y se disfruta en la interconexión de una vinculación muy verdadera.

Cuando comprendan la unidad intrínseca de la creación, buscarán naturalmente el amor incondicional. Además, que sea su verdadera naturaleza, es decir, la conciencia divina, la que los defina.

El amor es la energía que el corazón reconoce como emoción o sentimiento. Los sentimientos y las emociones vívidas crean su realidad actual en cada ahora de la existencia.

¿Cuáles sentimientos y emociones desean albergar en sus corazones? ¿Qué realidad desean manifestar? Si desean experimentar una realidad de amor incondicional, alberguen sentimientos y emociones de amor, conexión, expansión, creación, unidad, evolución, vitalidad, orden, equilibrio y unicidad. Tengan la intención de vibrar solamente con los sentimientos y las emociones que los llevan a experimentar esos estados de plenitud.

Vivan desde el corazón. La magia verdadera de la creación reside en su espacio sagrado. Es la maquinaria con la cual manifiestan nuevas realidades.

¿Cómo cultivamos el amor incondicional?

Mediante una práctica diaria.

Lleven la atención al corazón y respiren desde ese espacio. Lleven la atención a sus sentimientos de unidad y conexión con todo lo que existe en la creación. Si necesitan elegir a alguien o algo que aman para poder centrar la atención, háganlo para cultivar las sensaciones de conexión.

Irradien emociones que asocien con experiencias de conexión, como una luz que los vincula con toda la creación.

Mediante esta práctica experimentarán y comprenderán el amor incondicional. Al sentirse conectados con todo, sentirán también que su naturaleza es la misma de todo lo demás que existe dentro de la matriz de la conciencia superior.

¡Gracias, seres hermosos de amor y conocimiento superior!

Manténganse conectados con su corazón. Pueden confiar en que la magia está a su alcance.

SETENTA Y SEIS

LA AMBICIÓN

Divinos Maestros del Amor y la Felicidad, buenos días. ¿Qué tienen hoy para compartir conmigo y con el mundo?

LA VOZ DE LOS MAESTROS:

Deseamos hablar de la ambición.

Las ambiciones son metas que el ego desea alcanzar, pero que no son reales para el yo verdadero. El deseo de lograr algo termina creando una separación entre el corazón y la mente. Las ambiciones son como sueños en el sentido de que son metas fijadas por la mente que desea satisfacer las intenciones del ego; pero no son metas reales.

¿Lo que quieren decir es que tenemos que aprender a reconocer la diferencia entre una ambición y una meta?

Sí, por favor. De no hacerlo, quedarán atrapados en el círculo interminable de la ilusión y la búsqueda de la satisfacción.

Una meta real proviene del deseo del alma de usar sus poderes de creación y realizar su potencial. Impulsado por el corazón, el propósito superior de una meta es lograr cualquier meta que sea para el bien y la evolución del ser.

Cuando pongan una emoción sentida a profundidad al servicio de lograr una meta, y la acompañen de una intención y un trabajo claramente enfocados en mente, alma y cuerpo en cumplirla, la alcanzarán con gracia y armonía. Si la meta no se siente en el corazón, jamás se convertirá en su realidad.

Claro está también que la intención debe estar en consonancia con las leyes del universo para que su creación ocurra sin esfuerzo y en armonía.

¿Cómo saber si lo que perseguimos es una ambición?

Por lo que siente el corazón. Si la sensación es de paz, satisfacción e integralidad en su corazón, es una meta. Es un deseo verdadero que les traerá plenitud interior y evolución.

Si sienten expectativas —tensiones—, es una ambición, en la que la meta se basa en una falsa necesidad del ego que busca validar su identidad y recibir reconocimiento desde afuera.

Perseguir este tipo de intenciones los dejará extenuados porque esas intenciones no están en sintonía con las leyes de la existencia ni con el fluir de la vida.

¿Qué otra cosa debemos saber sobre las metas?

Proyecten su visión siempre desde el corazón, sientan desde el corazón y vivan desde el corazón.

SETENTA Y SIETE

LA INTEGRACIÓN

Estoy aquí, Divinos Maestros del Amor y la Felicidad, dispuesta a servir y a recibir y orientación y sabiduría. ¿Qué desean mostrarme hoy?

LA VOZ DE LOS MAESTROS:

Respira y lleva aire puro a tus células. Aliméntalas de vida. Ellas necesitan equilibrio y tranquilidad para existir.

Está bien. Ya lo hice. Fue una sensación buena y liberadora. Me sentí nutrida. ¿Qué más debo saber?

Integración.

Una vez hayan experimentado una realidad y comprendido su esencia, habrán procesado el conocimiento y/o la expansión que deben aprender y adquirir de esa realidad. Este reconocimiento de los cambios que han experimentado es *integración*.

La integración es ese punto en el que logran definir los cambios de su estado de ser dentro de una realidad en particular que han experimentado desde distintas perspectivas. Es entonces cuando pueden ir más allá y ampliar su visión para abarcar una realidad diferente y más vasta. Así, después de cada integración, sumergirse en la nueva realidad les permitirá experimentar la vida desde otra perspectiva.

Es así como amplían su comprensión de la existencia misma, la comprensión de la conectividad entre todo lo que existe dentro de la matriz de la totalidad de la creación. La evolución ocurre por medio de la integración. La integración les ayudará a comprender la relación con el todo.

¿Hay una práctica diaria para cultivar el hábito de la integración?

Sí, y es indispensable para su expansión y su viaje hacia la evolución.

Mantener la conciencia en cada ahora les permitirá tomar conciencia de lo que son. Hay momentos en los cuales deben hacer un alto y reconocer su estado de existencia

LAS LLAVES DEL AMOR Y LA FELICIDAD

Pregúntense: ¿Cómo estoy viviendo, cómo estoy existiendo? ¿Cómo me estoy relacionando con los demás? ¿Cómo me estoy tratando a mí mismo (mi cuerpo, mi mente y mi alma)? ¿Comprendo mi realidad actual? ¿Desde cuál perspectiva la vivo y la experimento?

Practicar a tener conciencia de su dinámica interior les servirá para desarrollar y fortalecer su habilidad y destreza para integrar. Háganse siempre esas preguntas desde el corazón. No traten de engañarse. Sin honestidad, todo será una ilusión en vez de ser ese paso que los acerca a experimentar su grandeza y unicidad.

¿Qué otra cosa debemos saber sobre la integración?

Por favor conviértanla en una actividad cotidiana para que puedan lograr crecimiento y evolución y comprender su origen y su relación con el todo.

Sean sinceros, sean sabios, sean alegres. Confíen en sus impulsos. Escuchen la voz de su corazón y la sabiduría de su alma. Ríanse siempre. Vibren en tranquilidad y felicidad.

SETENTA Y OCHO

LA GLORIA DE LA EXISTENCIA

LA VOZ DE LOS MAESTROS:

La gloria es el estado más elevado que sienten quienes viven en consonancia con las leyes de la existencia. Es un estado en el cual emociones como el amor incondicional, la satisfacción, la paz, la realización, la plenitud, la dicha, la integralidad y la unicidad impregnan todo el ser y muestran el camino.

La gloria de la existencia es el estado máximo desde donde pueden experimentar y gozar su realidad y aceptar cada perspectiva de ella como verdadera y válida sin juzgar, sin victimizarse, sin medir y sin comparar. La gloria de la existencia se deriva de la integración de todos los procesos y fuerzas dentro de la matriz de la totalidad de la creación.

LAS LLAVES DEL AMOR Y LA FELICIDAD

Maestros, ¿podemos comparar la gloria de la existencia con la meta de lograr la unicidad?

Cuando hay unicidad, no hay dualidad. Las comparaciones no caben en la unicidad. La unicidad es la meta de la existencia. Es un estado sin límites en flujo constante dentro de la matriz, donde todo existe y se manifiesta en realidades simultáneas e infinitas.

Ya veo. Quieren decir que es inabarcable, nada y todo.

Sí, amada. Aunque desde los límites de la mente humana es difícil comprenderla en su totalidad, básicamente así es es la unicidad.

Por favor, háblenme más sobre la gloria. Quiero estar segura de su definición.

Es la victoria, la sensación de realización plena e infinita que se deriva de experimentar la conciencia universal, donde todo está interconectado y entretejido para el bien, la evolución y la existencia del todo.
También es un estado de regocijo, lleno de paz interior y un sentido maravilloso de integralidad.

¿Cuál es el aspecto práctico de la gloria que debemos conocer o por el cual nos debemos regir?

La gloria de la existencia está en comprender su naturaleza, su proceso de evolución, su conexión con todo lo que existe y su expresión de todo su potencial en cada una de las realidades diferentes que experimentan. Es la sensación de realización de su grandeza en el ahora eterno de la existencia misma. Celebren la vida, reconozcan la vida y regocíjense en las bendiciones de la vida.

SETENTA Y NUEVE

LA CORRELACIÓN

¿Qué desean revelar y presentar al mundo hoy?

LA VOZ DE LOS MAESTROS:

Correlación

¿Qué debemos saber sobre la correlación?

Es un movimiento recíproco de energía que de manera constante genera retroalimentación, equilibrio, expansión y recreación simultánea de realidades en dos seres. Es un flujo constante de información para que la energía pueda expresarse en forma de realidades complementarias.

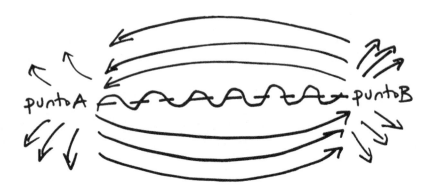

Es un compartir de energía en ambas direcciones, la generación de un campo vibracional de información que sostiene la relación de los dos corazones. La energía compartida alimenta cada una de las realidades en potencia que se han de expresar o manifestar. Es así como los seres del campo de la creación se relacionan entre sí.

¿Y cómo aplico este concepto en mi propia vida, a mi propio ser?

Visualiza y reconoce que eres un campo de energía que en cada ahora de tu existencia crea realidades en tu interior y a tu alrededor. Eres el punto A y el punto B al mismo tiempo, porque hay una retroalimentación continua de energía que define ambas realidades.

LAS LLAVES DEL AMOR Y LA FELICIDAD

¿Entonces me visualizo y siento mi alma como si fuera a la vez receptora y emisora o conductora de energía para generar realidades?

Sí, por medio de tus pensamientos como la ola de energía a través del estado de tu biología interna (equilibrio, orden, ritmo, reciclaje, creación continua), que también se expresa y se comparte entre los campos.

¡Sorprendente, Maestros! ¿Qué debo hacer con este concepto?

Aplícalo en ti misma y con todo el mundo.

OCHENTA

LA SIMPLICIDAD

Estoy aquí ante ustedes, Maestros de la Verdad. ¿Cómo puedo servir?

LA VOZ DE LOS MAESTROS:

La vida es sencilla. Tómenla como se les presenta. Llénense de asombro y sorpresa ante su complejidad, magnificencia, abundancia y orden. El orden pone a su alcance los distintos potenciales de la vida. La simplicidad llega cuando entran en consonancia con el fluir de las fuerzas de la creación.

Sigan el ritmo de la vida conectándose desde el corazón. Sientan desde allí, creen desde allí y vivan desde allí, independientemente del constante cambio y el movimiento de lo que los rodea. Manténganse conectados con su presencia, tomen conciencia de su realidad y envuélvanla con su conciencia.

No controlen, *fluyan.*
No opongan resistencia, *permitan.*
No juzguen, *acojan.*

¡Qué mensaje más sabio y hermoso! Gracias.

Esta fórmula para la simplicidad es parte del secreto de la felicidad. Si logran comprender lo que les aporta el hecho de vivir desde el corazón, su camino hacia la unicidad será más fácil, más sencillo y más rápido.

Respirar es parte de la simplicidad de la existencia. Inhalen todo lo que nutre sus corazones, vivifica sus cuerpos e ilumina sus mentes. No esperen a que las cosas o las realidades se materialicen. Sean esas cosas y realidades. Lo que son ahora es aquello en lo que se convertirán.

OCHENTA Y UNO

CLARIDAD Y MANIFESTACIÓN

LA VOZ DE LOS MAESTROS:

Hablemos de la claridad y la manifestación.

¿Cómo así claridad? ¿Claridad en nuestros sueños, deseos, pensamientos y metas?

Sí. La claridad es el punto de partida para iniciar la jornada en toda nueva realidad, en cada ahora.

Recuerden que ustedes son los creadores de cada una de las realidades que experimentan. Para que esa realidad se manifieste como la realidad que desean, deben ser claros y saber cuál es la realidad que desean experimentar. Para hacerlo posible, deben comenzar con la claridad de los deseos, los pensamientos y las emociones que dan forma a la manifestación de esa realidad particular deseada.

Si no hay claridad en la concepción de la realidad que desean crear, no se creará para ustedes una realidad definida.

¿Cómo creamos entonces una realidad particular?

Cuando hay alineación entre un deseo —especificado como una meta— y cuando sus pensamientos y emociones vibran en la misma frecuencia del deseo, verán la manifestación de la nueva realidad. Solamente entonces.

Cuando hay alineación perfecta entre un deseo, los pensamientos y unas emociones profundas, ese "deseo profundo" se manifiesta armoniosamente como la realidad o el resultado deseado.

La manifestación comienza con emociones impulsadas a través de un pensamiento para crear una nueva realidad.

Cuando hay consonancia en la frecuencia y la vibración del deseo (emoción y pensamiento), la realidad se manifiesta armoniosamente y sin esfuerzo. Se manifestará y existirá en armonía con todas las fuerzas que sostienen la vida y que rigen el fluir de la vida dentro de la matriz de la conciencia universal.

¿Cómo desarrollar en nuestra vida cotidiana una claridad que sea suficiente para la manifestación?

Por medio de distintas técnicas encaminadas a aumentar la conciencia de sí mismos y a crear coherencia, como los ejercicios de respiración:

Respiración consciente, centrada en el corazón: sientan cómo llevan el aire al espacio del corazón, y luego exhalen desde allí.

Yoga y otras formas de ejercicio: mejoran el movimiento de la energía en el cuerpo y equilibran las hormonas de su sistema endocrino.

Hidratación: beban mucha agua.

Contacto con la naturaleza: exponerse a los sonidos, los colores y la magnificencia de la naturaleza les ayudará a reconocer cuán sencilla, armoniosa, ilimitada y diversa puede ser la vida. Podrán imitar las propiedades de la vida silvestre para recomponer, equilibrar, reciclar y recuperar el orden en la vida y sentir el propósito de lo que son realmente. El simple hecho de conectarse descalzos con la Madre Tierra con la intención consciente de alinearse y entrar en sintonía con los ciclos y la energía de la naturaleza les dará esa sensación de claridad, alineación y sostén.

Consuman verduras de hojas verdes: están cargadas de vitaminas, minerales y fibra que reducen el riesgo de padecer enfermedades del corazón y presión arterial alta, y previenen el deterioro mental. Aportan gran cantidad de oxígeno a las células, incluidas las neuronas. Sirven para aumentar la claridad mental y para el funcionamiento general.

Meditación y contemplación: mediante la práctica constante de la meditación y/o la contemplación pueden alcanzar un estado meditativo en el cual el sistema se libera de las tensiones mentales y emocionales. Al entrar en un estado de conciencia tranquila durante la meditación, la presión arterial se regula, la frecuencia cardíaca baja, se liberan las hormonas del estrés, la respiración se relaja, se fortalece el sistema inmune y se liberan neurotransmisores cerebrales. Todas estas cosas les ayudarán a dormir mejor, aumentar su claridad mental y su creatividad, reducir la inflamación, restaurar la homeostasis y en general mejorar su desempeño. Además, les brindará la oportunidad de reconectar con su verdadera esencia y experimentar paz interior. Así podrán descubrir las posibilidades infinitas y el potencial ilimitado de su yo superior. Por tanto, se sentirán más sanos, más felices y más equilibrados, lo cual se traducirá en mayor conciencia y conocimiento de lo que son.

Confíen en su conciencia divina: su yo superior (divino) es puro e ilimitado en su esencia y encierra todo el potencial para crear realidades; así, cuando se conectan con esa inteligencia superior que reside en su interior, obtienen por medio de su intuición una visión cierta y respuestas claras en forma de destellos de creatividad y certeza. Confíen en esa sabia guía interior.

Escuchen la voz de su corazón: el corazón es puro en su esencia y se expresa con sus dones —el amor por uno mismo, la compasión, el amor, la gratitud y la dicha—. Si se relacionan con nosotros y con sus congéneres desde la pureza del corazón, su vida fluirá con mayor facilidad, armonía, significado y plenitud.

Pregúntense todo esto:

- ¿Qué deseo profundamente?
- ¿Lograr este deseo (meta) me trae alegría y realización auténtica?
- ¿Cuándo deseo manifestar esta realidad?
- ¿Está mi meta en consonancia con las leyes de la existencia que sostienen el fluir de la vida?
- Si la respuesta a esta última pregunta es afirmativa, entonces traigan a la mente su deseo, sientan la sensación de su energía y entreguen el deseo a la matriz de la conciencia universal con el convencimiento de que ya es una realidad.
- Sean esa realidad y vivan de acuerdo con ella. En el proceso de la manifestación deben convertirse en la realidad que desean en el sentido de que deben sentirla y percibirla como si ya la estuvieran viviendo. Eso se logra por medio de los pensamientos y las emociones.

LAS LLAVES DEL AMOR Y LA FELICIDAD

La duda y el complejo de no sentirse merecedores son como la niebla en el cielo; les impedirán ver la realidad que tienen ya ante sus ojos. Por tanto, si tienen dudas, o si se sienten indignos, dejen ir esos sentimientos. Después, empodérense con la claridad. La claridad sobre sus metas será un refuerzo para su seguridad en ustedes mismos y en su merecimiento.

Todos merecen vivir la realidad con la que sueñan y en la que desean vivir.

Siéntanse dignos, "sean" dignos, y recibirán nuevas realidades.

¡Tiene mucho sentido, Maestros!

Crean en ustedes mismos y confíen en el orden divino de la existencia. Todo se sostiene en perfecto orden, equilibrio y correlación dentro de la matriz de la conciencia universal.

En este contexto, ya tienen todo lo que necesitan para ser presencia de amor. Tomen las riendas de la realidad en la que viven. Vibren en la frecuencia superior de amor, gratitud, dignidad y dicha. Vivan y gocen esa realidad.

OCHENTA Y DOS

EL CONTRASTE

LA VOZ DE LOS MAESTROS:

En medio de la dualidad, el contraste revela realidades opuestas o expresiones opuestas dentro de ciertas realidades. Al principio, el contraste suele percibirse como un significado separado o diferente, pero lo que en realidad el contraste muestra es una gama de posibles expresiones.

Toda realidad alberga potenciales; y es allí donde coexisten la grandiosidad, la complejidad y la simplicidad.

A través del lente de la mente humana, los contrastes se ven y se perciben como amenazas; en realidad, los contrastes son complementarios.

¿Cómo integrar y traducir esta forma de entender el contraste en la vida diaria?

Más allá de lo que ven sus ojos, la existencia es un movimiento de fuerzas complementarias en constante flujo, orden, equilibrio y armonía. La existencia es ilimitada y las abarca todas. Si logran acoger esta forma de ver las cosas, comprenderán el contraste como debe ser, como algo alineado con lo que realmente es.

En la existencia, sin las restricciones de una mente o un cuerpo, los contrastes son complementos entretejidos en expresiones infinitas de realidades diferentes. Además, por fuera del espacio-tiempo (el mundo material), no hay nada para medir.

Maestros, ¿se refiere este mensaje a la necesidad de acoger las diferencias?

Sí, amada. Cuando acogen el contraste, el resultado es el desenvolvimiento de la armonía y la unidad para llegar a la unicidad. Si perciben un contraste, aprovéchenlo como refuerzo. El contraste les ayudará a percibir su realidad personal como una representación más fiel de lo que son y, por tanto, más bella y plena de significado para ustedes. Que el contraste sea una fuerza que inspire y los empuje a creer en la realidad que desean crear.

Maestros, necesito su guía hacia la paz interior y la aceptación de esta nueva realidad.

Eres paz y aceptación, amada, pero también tienes emociones que deben sentirse, moverse y expresarse. El equilibrio se restablecerá después. Esa es tu senda.

OCHENTA Y TRES

LA ABUNDANCIA

Estoy aquí, Divinos Maestros, recibiendo su luz, amor y conocimiento superior. ¿Hoy cómo puedo servirles a ustedes y a la humanidad para bien de todos?

LA VOZ DE LOS MAESTROS:

Abundancia.

La abundancia es el estado natural y el fluir natural de la vida, de la existencia. La abundancia es existencia con todos sus potenciales. Es el estado de expresión infinita. No es necesario crear abundancia, puesto que ya existe. Está allí.

Como seres humanos, cuando comprendan sus orígenes y reconozcan que son parte del todo, que están interconectados con todo lo que existe, podrán *ser* la abundancia misma puesto que ya tienen y encierran todo los potenciales en su interior. No necesitan "crear" abundancia, sino sencillamente reconocer y aceptar que son el potencial encarnado de la abundancia.

¿Cuál práctica consciente podemos realizar para mantenernos en el estado de abundancia?

Cierren los ojos y lleven su atención hacia su interior, respirando desde el corazón. Inhalen profundamente. Exhalen suavemente. Continúen con esa respiración hasta sentirse con los pies en la tierra y en calma. Inhalen la luz divina, el polvo celestial, todas las fuerzas y los potenciales de la existencia.

Sientan y visualicen toda esa energía como un río de potencial infinito que recorre todo su cuerpo. Sientan la abundancia como una profusión de energía que fluye por todo su ser. Sientan y visualicen cómo se sumergen en todos los potenciales de la existencia. Bañen cada célula, tejido, órgano, pensamiento, emoción y sentimiento con el potencial de la abundancia, de la vida, de las posibilidades.

Siéntanse dignos. Recíbanlo todo. Reciban con gratitud y celebren su abundancia, su existencia sin límites, su capacidad irrestricta de crear y manifestar. Siéntanse agradecidos, contentos, enteros y unidos en el todo. Sumérjanse en el potencial de la abundancia. Conviértanse en abundancia y exprésenla. Ustedes son y serán abundancia.

LAS LLAVES DEL AMOR Y LA FELICIDAD

¿Algo más sobre la abundancia?

Relaciónense con todo el mundo desde su estado de abundancia. Así generarán más abundancia en el mundo que los rodea. Sean pródigos y compartan su abundancia en todos los aspectos de su existencia. Sean una fuente de amor y un río de alegría, una brisa de sabiduría y un suelo de grandeza. Sean amor desde el corazón. Sean sabiduría desde el alma. Sean inteligencia desde la mente. Sean vida y den vida.

Sigan siendo amor sin importar lo que pase. El amor es su esencia.

OCHENTA Y CUATRO

LA INTERCONEXIÓN

Divinos Maestros del Amor y la Felicidad, me siento profundamente honrada con su presencia y su apoyo en mi viaje para marcar la diferencia y elevar la conciencia de la humanidad. ¿Qué es importante que yo vea, conozca y reciba de ustedes hoy?

LA VOZ DE LOS MAESTROS:

Deseamos hablar de la interconexión entre las cosas.

¿Qué es interconexión?

Es la correlación y la conexión de todos los potenciales en una determinada realidad.

Es la suma de todos los potenciales de expresión de una realidad que coexiste al mismo tiempo (o ahora) con realidades infinitas.

La interconexión también podría definirse como la experiencia de todas las fuerzas de la realidad combinadas en una red de conocimiento compartido para bien de todo lo que existe dentro de la matriz de la conciencia universal.

¿Por qué es importante para los seres humanos comprender la interconexión?

Porque, como chispas de la conciencia universal, los humanos existen conforme a los mismos principios y las mismas leyes de la existencia que rigen todo lo demás en la matriz. Tienen acceso a la red compartida de información expresada en forma de pensamientos y emociones. ¡Esta retroalimentación es indispensable para su existencia!

Esta es una ilustración de la interconexión.

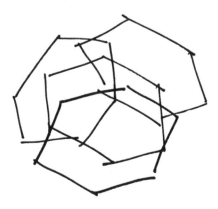

¿Qué hago con esta imagen?

Rótala en sentido contrario a las manecillas del reloj.

¿Hasta dónde?

Un cuarto de vuelta; y después dos cuartos en el sentido horario.

¿Más, Maestros?

Dale la vuelta.

¿Bocabajo?

Sí.

¿Qué es esta imagen, Maestros? ¿Cuál es su finalidad?

Mostrarles la interconexión en realidades o potenciales superpuestos de la existencia. La finalidad es ilustrar las relaciones entre unos y otros. Los potenciales coexisten, están entretejidos y forman una red. La interconexión genera equilibrio, coherencia y singularidad. Unidad y unicidad.

LAS LLAVES DEL AMOR Y LA FELICIDAD

La interconexión es un proceso natural claramente expresado en diversas formas: en una telaraña, en una alcachofa, en un panal, en el nido de un pájaro.

¡Ya veo, Maestros! ¡Es bello e ilustrativo!

Déjense ir en el vacío de la existencia y crearán. Confíen y vivan, confíen y sientan, den y reciban, celebren y regocíjense.

OCHENTA Y CINCO

LA OPORTUNIDAD

LA VOZ DE LOS MAESTROS:

La vida está llena de potencial del cual participar y con el cual jugar. Cada ahora es una oportunidad para existir —para ser, para hacer, para dar, para evolucionar—.

¿Podríamos entonces decir que una oportunidad es igual a cualquier ahora de nuestra existencia?

No, no son la misma cosa; pero las oportunidades se desenvuelven como potenciales dentro de cada ahora en la medida en que ustedes puedan reconocer y experimentar el potencial. Es así como el ahora se convierte en una oportunidad.

LAS LLAVES DEL AMOR Y LA FELICIDAD

Las oportunidades se convierten en oportunidades solamente cuando cada quien tiene el deseo de crearlas a partir de un potencial en el ahora de su existencia.

¿Entonces, cuál es un enfoque práctico o evolutivo para percibir más oportunidades?

Si se abren a un estado de dignidad y abundancia, podrán reconocer los potenciales que existen a su alrededor en cada ahora. Entonces crearán una realidad en la cual podrán expresar y experimentar todos los potenciales que ustedes mismos encierran en su yo.

¿Qué función desempeñan las oportunidades en nuestras vidas?

Las oportunidades existen para que ustedes experimenten, integren y evolucionen. Esto es parte del proceso de comprender y acercarse más a la grandeza de su proceso evolutivo.

OCHENTA Y SEIS

EL VACÍO

Gracias, Maestros, por cubrirme con la energía de su luz y por derramar su amor y conocimiento superior a través de mí para bien de todos. ¡Estoy a su servicio!

LA VOZ DE LOS MAESTROS:

El vacío es espacio en ausencia de tiempo. Es infinito y en él todo existe en la nada de todas las realidades y potenciales posibles a la espera de ser reconocidos y experimentados.

Es la conjunción de todas las fuerzas de la existencia después de que ya se han expresado en todos los potenciales.

Se puede comparar con una espiral interminable de oscuridad en un vacío de paz eterna en la nada de todas las posibilidades de existencia y creación.

LAS LLAVES DEL AMOR Y LA FELICIDAD

¿Cómo podemos acceder a ese vacío, Maestros?

Cierren los ojos.

Establezcan la consonancia entre mente, cuerpo y espíritu.

Después libérense hacia la conciencia universal y sientan que son uno con el todo. Únanse al todo en el ahora eterno de la existencia.

Permanezcan allí y entréguense a la nada. El vacío de la creación.

Cuando accedan al vacío, experimentarán la magia. Lograrán acceso al conocimiento de todo lo que coexiste dentro de ustedes. Olviden lo que son, conviértanse en nada. Sean temerarios y busquen con ansia su esencia verdadera y su propósito en la existencia dentro de la matriz de la creación.

Lo he intentado, Maestros, pero todavía no logro experimentarlo tal como ustedes lo describen. Supongo que debo entregarme más y dejar de lado el miedo a lo desconocido.

Sí, amada, sabemos que estás en el proceso. Lo sabrás, lo lograrás.

Confíen todos en que su sostén es la espléndida generosidad del amor. El vacío es paz eterna en la nada del conocimiento imperecedero y la correlación. Es maravilloso y está más allá de lo que sus sentidos pueden percibir, reconocer y aprovechar.

¿Algo más que debamos saber sobre el vacío, Maestros?

Sí. Sean generosos con ustedes mismos y adéntrense en el océano del silencio interior. Sumérjanse en el conocimiento infinito que reside en su interior. Escuchen la voz de su alma y sigan el camino de la expansión hacia la experiencia eterna que todo lo impregna en la creación.

Abran sus poros para recibir. Abran sus ojos para ver más allá de los confines de su visión. Abran su corazón para experimentar amor y paz verdaderos. Déjense guiar por su voz interior, la voz de su alma, y tendrán acceso al reino del todo.

El vacío es unicidad.

OCHENTA Y SIETE

EL ORDEN INTRÍNSECO

¿Qué es el orden intrínseco, Maestros?

LA VOZ DE LOS MAESTROS:

El orden intrínseco es la organización de todas las formas físicas en el nivel molecular. Esta organización ocurre tanto a la escala del cosmos como a la escala del microcosmos. Todo comienza con las fuerzas que interconectan todo lo que es material y se puede expresar en una molécula.

¿Y?

Lo que deseamos que observen es el efecto de espejo que hay entre todo lo que coexiste en la dimensión de la totalidad. El todo se refleja hasta en la unidad más pequeña de energía condensada en la materia.

¿Maestros, cuál es su razón para compartir esta información?

Para ayudarles a comprender mejor que la materia, como expresión de la energía, se rige y organiza conforme a los principios de la energía sutil. Por tanto, cada capa de realidad es un espejo de la siguiente. Esta observación les ayudará a comprender cuán ilimitados son, cuán infinitos. Pueden fluir con tanta facilidad como la más liviana y sutil de las fuerzas, puesto que esa es exactamente la esencia de lo que son.

Observen este orden en la disposición del cosmos, en la organización de las células y los átomos de su cuerpo y en sus pensamientos. Permitan que sus pensamientos estén en consonancia, orden y coherencia con todo lo que hay a su alrededor para así crear resultados armoniosos.

¿Hay algo más que debamos saber sobre el orden intrínseco?

Solo la paz interior, la exposición a la energía de la naturaleza y el reconocimiento de su potencial interior les ayudarán a cosechar todos los beneficios del orden intrínseco. Sumérjanse en el silencio con la intención de reestructurar y restablecer su orden natural en el nivel molecular. Lo lograrán. Ese orden impregnará todo su cuerpo, incluidos el corazón, el cerebro y los demás órganos. Entonces se reorganizarán sus emociones y pensamientos para entrar en armonía y alinearse con el mismo propósito.

¿Cuáles son los aspectos prácticos de este concepto, Maestros?

Busquen siempre la armonía, la alineación, la sintonía y la coherencia y sus vidas fluirán sin esfuerzo. Como seres de energía que son, están hechos para fluir.

OCHENTA Y OCHO

TERMINOLOGÍA DE FRECUENCIAS

Divinos Maestros de la Verdad, ¿en cuál frecuencia existen ustedes? ¿Cómo miden su frecuencia?

LA VOZ DE LOS MAESTROS:

Es inconmensurable para la mente humana. Va más allá de su expresión limitada como seres de materia.

Sí, Maestros, pero ¿cómo la definen o la designan, esa frecuencia a la cual ustedes fluyen?

Es *Kadeverious*.

Maestros, ¿a cuál frecuencia me elevan para hacer posible mi comunicación con ustedes?

Unlicorious. Elevamos tu frecuencia para acercarla a la nuestra y nos volvemos uno.

Agradezco este regalo. Maestros, ¿de qué otra manera puedo usar esta frecuencia? ¿Para tener acceso a qué? ¿O para sentir o ver qué, concretamente?

Amada, puedes usarla para comunicarte con nosotros y con muchos otros seres de luz que te sirven para elevar el estado y la frecuencia de la humanidad.

¿Maestros, entonces la palabra lubridicious [canalizada en otra ocasión] *es diferente de kadeverious?*

Sí. Una es un estado de nuestra expresión de la energía y la otra es una frecuencia.

¿Y cuál es la diferencia entre un estado de la energía y una frecuencia?

El estado se puede alterar, mientras que la frecuencia es estable.

¿Quieren decir que ustedes son vulnerables al cambio?

Estamos en un ordenar y reordenar constante de la energía para efectos de fluidez y flujo.

Entiendo. ¿Alguna otra cosa importante que deba saber sobre esto, Maestros? Me es un poco difícil procesar esta información. ¿A qué se deberá?

Se debe a que no se puede comprender a la luz de sus parámetros y dogmas.

Como yo lo veo, sencillamente fluyo con nuestra conexión y forma de comunicación, la cual denomino telepatía.

Sí, amada, pero lo que importa es la convergencia de nuestra conciencia. Relájate.

OCHENTA Y NUEVE

EL ASCENSO

Estoy aquí, Divinos Maestros, ¡emocionada de estar con ustedes nuevamente! Estoy dispuesta a recibir.

LA VOZ DE LOS MAESTROS:

Estás pasando a una frecuencia más alta.

¿Cómo paso a una frecuencia más alta, Maestros?

Sumergiéndote en el agua y experimentando las cualidades del agua.

¿Con cuánta frecuencia desean que me sumerja en el agua?

Ahora, por ahora. No es cuestión de cantidad. Lo reconocerás y lo sentirás.

Comprendo. ¿Cualquier tipo de agua? ¿En una piscina o mejor en el mar?

No importa.

¿Qué debo hacer en el agua?

Sentir el movimiento del agua, dejarte llevar, fluir. Recibe y báñate en el movimiento del agua, en su sabiduría y su frecuencia de energía.

¿Por qué es importante elevar mi frecuencia?

Para recibir conocimiento y códigos más elevados.

Suena maravilloso.

Inhala profundamente, exhala lentamente.
Inhala profundamente, exhala lentamente.

¿Qué debo dar hoy?

Tu luz. Tu corazón. Tu sonrisa. El bello y vibrante ser que eres. Sé tú misma y solamente ese hermoso ser que eres. En la autenticidad reside el verdadero existir; residen la felicidad y la libertad.

Oliconarys.

¿Qué es oliconarys?

El estado de quienes han alcanzado la perfección.

¿Hay seres que han alcanzado la perfección en la existencia humana?

No. La perfección solamente se logra y se experimenta después de terminar todos los ciclos de la evolución, cuando se convierten otra vez en nada después de haber sido todo.

¡Ya veo, Maestros! ¿Esta definición o esta palabra es la misma en todos los planos superiores o solamente en la dimensión de ustedes?

Es para todos los que estamos en estas dimensiones.

¿Por qué es importante conocer acerca de este estado?

Por evolución.

¿Todos los que habitamos la Madre Tierra estamos destinados a llegar a ese estado?

Sí, es el ciclo de la existencia. Algunos tardan más tiempo y otros menos. Es relativo porque para nosotros el tiempo no existe; solo existen la eternidad y las expresiones o potenciales infinitos.

No creo que pueda seguir siendo la misma persona después de recibir conocimiento superior.

No, amada, estás avanzando hacia tu grandeza.

Estoy profundamente agradecida por esta ayuda, Maestros.

Es así como funciona. Coexistimos y deseamos la evolución de todos.

¿Alguna otra cosa por ahora, Maestros? ¿Algún otro mensaje?

Continúa dando lo que te hace feliz; en eso consiste dar y existir de verdad. Das vida, amor, luz y esperanza a todo. Llenas los corazones de amor, alegría, paz y buena voluntad.

NOVENTA

EL ESPEJO

Divinos Maestros, los saludo. Estoy aquí ante ustedes para recibirlos. Me siento honrada de recorrer este camino con ustedes. ¿Qué desean revelar esta noche para bien de todos?

LA VOZ DE LOS MAESTROS:

Que todo está avanzando de manera ordenada, cambiando a una frecuencia elevada.

¿Qué quieren decir, Maestros? ¿Qué avanza?

El todo.

¿Cómo se relaciona eso con nuestras vidas?

Debido a la relatividad. Recuerden, hay interconexión dentro de la matriz. Cuando hay orden dentro de ustedes, hay orden también a su alrededor. Ustedes son espejos que proyectan su realidad. Pregúntense entonces qué realidad desean vivir. Organicen y equilibren su yo interior primero para así experimentar orden y equilibrio afuera. Conecten perfectamente las dos realidades.

NOVENTA Y UNO

LOS REGISTROS AKÁSHICOS

¿Qué son los registros akáshicos?

LA VOZ DE LOS MAESTROS:

Son el conocimiento de todas las expresiones de la creación, sus principios, leyes, fuerzas, complejidades y la memoria de cada potencial en la matriz infinita de la existencia. En los registros akáshicos todo se sustenta y comprende claramente; no hay velo de confusión, ni ilusión, ni separación. Quienes pueden acceder a los registros akáshicos comprenden la verdad de la existencia, el propósito y el proceso de la evolución.

¿Cómo accedemos a esos registros akáshicos, Maestros? ¿Quién tiene acceso a esos registros?

Tienen acceso quienes están en expansión, en busca de su verdad, origen y esencia. Te dijimos que quienes están en expansión siempre alcanzan una mayor verdad y un conocimiento superior para utilizar y aplicar en su senda hacia la grandeza. Mientras más profundamente viajen a su interior y se sintonicen con su verdad interior, más claro será su camino hacia los registros akáshicos.

Estos códigos de información tienen su impronta dentro de la capa subatómica de su expresión intracelular. Todo está contenido dentro de ustedes mismos.

Entonces, ¿por qué buscar la información en los planos superiores? Imagino que los registros akáshicos están en las esferas superiores. ¿Es correcto?

No, amada. Los registros akáshicos están en el espacio infinito de la eternidad. Tu verdadero yo también es infinito y eterno. Por tanto, no necesitas ir a ninguna parte, solo hacia tu yo interior para descubrir, ver y comprender códigos, principios y verdades que rigen toda la existencia.

Maestros, los registros akáshicos son nuestra propia verdad de la existencia y podemos acceder a ellos por medio del conocimiento y el reconocimiento de nuestra esencia verdadera, el alma, ¿verdad?

Sí, y están contenidos en la expresión más intrínseca del ser.

¿Para acceder a los registros akáshicos necesitamos tener una mente brillante y pura y un corazón abierto y alineado para hacer el viaje de autoconocimiento y autorreconocimiento?

Sí. El viaje hacia el interior comienza cuando se desprenden de las limitaciones de su mente, de sus miedos y de sus ilusiones. Libérense de las cadenas de una existencia limitada. Ábranse a la verdad de su yo no físico, el cual existe en el ahora eterno de la creación.

Maestros, ¿hay alguna práctica específica para acceder a los registros akáshicos?

Entréguense al vacío eterno de la creación y establezcan la intención de que les sea revelado ese conocimiento superior. Afirmen la intención de reconocer los códigos y la información de la existencia.

NOVENTA Y DOS

LA ARMONIZACIÓN

Buenos días, Divinos Maestros de la Verdad. ¿Qué desean mostrarme hoy?

LA VOZ DE LOS MAESTROS:

La armonización.

La armonización es la congruencia entre su ritmo y el ritmo de todo lo que existe en la creación. Primero entren en sintonía con su propio ritmo: el ritmo de su respiración, de su corazón y de los demás microuniversos que existen en su interior. Después de lograr esa sintonía en su interior, estarán en consonancia con el ritmo de la naturaleza y de la vida.

Como resultado de esto, los demás seres que están en armonía consigo mismos entrarán en consonancia con ustedes. La armonización opera como un imán. Las energías iguales se reconocen. El orden reconoce el orden. El orden es la manera como pueden comenzar a cultivar a su alrededor una comunidad de seres conscientes.

Cuando están en armonía, nada perturba su orden interno, su equilibrio. Solo hay aceptación de la experiencia de cada ahora. La existencia se torna fácil y sencilla, un fluir sin esfuerzo, un movimiento hacia la grandeza y la unicidad.

¿Qué más debemos saber sobre la armonización?

La armonización se relaciona con el sonido de su ser interior. Es estar en equilibrio con su ritmo de expresión, el carácter único de su realidad tal como ocurre en el ahora. Cada latido de sus corazones expresa una nueva realidad en el tiempo. Cada respiración también es una expresión de una realidad en el tiempo. Estos eventos son expresiones únicas de su potencial.

Conocer y respetar la particularidad de su yo intrínseco y acoger los eventos únicos que ocurren en su interior les ayudará a comprender mejor su verdad.

Maestros, ¿cuáles prácticas diarias contribuyen a la armonización?

Cierren los ojos.
Inhalen y exhalen.

Inhalen luz, exhalen paz.
Permanezcan en su silencio interior.

Lleven la atención al corazón. Sientan su ritmo y, al mismo tiempo, sigan el ritmo de su respiración.

Entréguense a la sensación de paz, orden y equilibrio y comiencen a sentir, percibir y visualizar la forma como sus células, tejidos y sistemas operan en armonía.

Permanezcan allí y sientan que todo su sistema se cubre de paz, equilibrio y orden. Siguiendo su propio ritmo, reconozcan la sensación de que todas las funciones de su sistema ocurren al mismo ritmo. Al unísono. Así experimentarán su expresión intrínseca. La convergencia de sus ritmos internos es la armonización de su ser.

Gracias por ofrecernos este instrumento para la evolución de nuestras conciencias.

NOVENTA Y TRES

LAS DIMENSIONES SUPERIORES

LA VOZ DE LOS MAESTROS:

Las dimensiones superiores son frecuencias de energía organizadas para un conocimiento y un propósito colectivos. En ellas no hay separación, no hay estatus, no hay género. Nos juntamos en existencia y existimos de acuerdo con la ley de la unicidad.

Maestros, perdonen mi ignorancia. ¿Las esferas superiores son lo mismo que las dimensiones?

¡Sí, amada!

¿Y es Dios la esfera más elevada de todas?

Dios es unicidad. Es la alineación voluntaria de las fuerzas supremas. Dios es la totalidad de las expresiones de los potenciales y las realidades que se manifiestan a la vez.

¿Todo lo que existe en la tercera dimensión experimentará las dimensiones superiores?

Sí, amada, ya lo han hecho y continuarán haciéndolo. Es parte del ciclo de la existencia. Es su derecho experimentar todas las esferas o dimensiones y recibir nuestro apoyo para su evolución. Todos coexistimos.

NOVENTA Y CUATRO

VIVIR Y DAR CON PROPÓSITO

LA VOZ DE LOS MAESTROS:

Con ser y dar basta. Entren en consonancia con su esencia, descubran sus dones y compártanlos con gracia y generosidad para el propósito de la realización común. Eleven su frecuencia para lograr la expansión. Comiencen desde el corazón y expándanlo hacia el exterior.

Reconozcan que son una chispa de la Luz Divina e irradien esa esencia a todo el Universo. Integren la verdad de su propia naturaleza y vivan de acuerdo con ella para que su vida evolucione con significado. Vivan desde el corazón, reconociendo su potencial ilimitado y compartiendo la expresión de todos sus potenciales con alegría y con un deseo profundo de crecer, expandirse y nutrir al colectivo.

Háganse estas preguntas todos los días:

- "¿Quién soy hoy?"

- "¿Qué cosas traen dicha y realización a mi corazón y tranquilidad a mi vida?"
- "¿Cómo puedo evolucionar o cuáles son las decisiones que contribuyen a mi evolución?"
- "¿Cómo puedo ejercer hoy un impacto sobre el proceso evolutivo de los demás?"
- "¿Qué puedo compartir sin esfuerzo y sentirme feliz por ello?"
- "¿Cuál expresión sencilla de mi ser puede ser un regalo para otros?" (Quizás estar presente y/o escuchar con conciencia, un pequeño gesto de amabilidad, o palabras de sabiduría).

Tengan presente su propia realidad y sean conscientes de ella para poder involucrarse con las realidades de otros y servir como factor de expansión para ellos.

Maestros, ¿entiendo entonces que estas son reflexiones diarias para vivir realizados y con propósito?

Sí. Vivir con propósito significa reconocer su esencia primero. Todo comienza en el interior.

NOVENTA Y CINCO

LA CALMA

Amados Maestros del Amor y la Felicidad, estoy lista y ansiosa de recibir su sabiduría. ¿Qué debemos el mundo y yo recibir hoy?

LA VOZ DE LOS MAESTROS:

Calma. Entren en ese estado llevando su conciencia a la respiración, sintiendo el sonido ordenado y rítmico de su respiración y entregándose a la voz Divina de su silencio interior. Disfruten ese silencio como música del corazón. Aliméntense mediante el proceso de equilibrio interior que imprime paz y orden en su ser.

La calma es un estado de despertar. Es un estado pasivo-activo en el cual su sistema nervioso recupera energía y se equilibra. Mientras más veces entren en calma, más sabias serán sus reacciones.

¿Cómo cultivamos la calma diariamente?

Cierren los ojos y céntrense.
Inhalen, y exhalen.
Inhalen la luz de la Fuente, exhalen amor.
Inhalen amor, exhalen armonía.
Inhalen amor, exhalen paz.
Inhalen amor, exhalen calma.
Permanezcan en ese estado. Escuchen el sonido rítmico de su respiración y sientan sus sensaciones. Déjense envolver por una sensación de paz y quietud.
Sumérjanse en la quietud, el silencio y la paz interior.
Regocíjense en la calma de estar presentes con su yo verdadero.
Cuando estén listos, abran los ojos y lleven ese estado de tranquilidad, seguridad y calma interior a cada movimiento de su vida. Recuerden abandonarse a menudo a esta práctica. Su poder es acumulativo. Con el tiempo les dará tranquilidad, agudeza mental y ecuanimidad en sus reacciones.

NOVENTA Y SEIS

LA CONEXIÓN DE TODO

Amados Divinos Maestros de la Luz que nos ayudan a mí y a otros habitantes de este planeta, gracias por su apoyo. ¿Qué desean revelarnos hoy?

LA VOZ DE LOS MAESTROS:

La conexión de todo.
Escucha el golpe de las olas. ¿Qué te dice?

Que sea paciente y tenga la seguridad de que todo está en orden. Me dice que ame y nutra, que me mantenga alineada con la verdad de mi corazón y que me concentre en mis metas, me ame incondicionalmente y busque la verdad de mi existencia. Que me comprometa a buscar mi verdad, mi felicidad, mi evolución y mi grandeza.

Debes estar despierta y centrada en el corazón.

Gracias, Divinos Maestros, por recordarme que debo permanecer en consonancia con mi verdad y mi evolución.

Respira, respira. Te dará tranquilidad.
Encarna el silencio, encarna la paz.
Encarna el amor, encarna el alimento.
Deja a un lado tu ego y relaciónate con todo el mundo desde el corazón.

¿Qué debo hacer con todo el amor que siento dentro de mí?

Envuélvete en él y permite que otros se bañen en él. La vida es para compartir lo que eres realmente: amor y verdad.

¿Cómo puedo contribuir al bien de todos hoy?

Sonríe, ama, da. Sé prudente y humilde y reconoce solamente el potencial y lo bueno de cada quien. Esa manera de aproximarte a los demás lleva a la expansión. La verdad se comparte, y el amor y la grandeza se viven.
Mantente serena.
Cuando estés en silencio y centrada en tu corazón, pregúntate: ¿Qué me dice mi voz interior? ¿Qué deseo ser verdaderamente? ¿Cómo deseo existir? ¿Cómo deseo dar?

LAS LLAVES DEL AMOR Y LA FELICIDAD

Tu camino permanecerá despejado y será fácil, tendrá propósito, te dará alegría y una sensación de realización y triunfo.

Di, "Amor Divino, permíteme entregarme en devoción al amor y la grandeza. Permíteme ser una presencia de amor, felicidad, paz, sabiduría y expansión espiritual para todas las personas con quienes me relacione hoy".

NOVENTA Y SIETE

EL SIMBOLISMO

LA VOZ DE LOS MAESTROS:

El simbolismo es un lenguaje común que le permite al colectivo comunicarse y relacionarse. A pesar de estos beneficios, no es ese el propósito verdadero de los símbolos.

Un símbolo es la expresión de un potencial o una realidad. Tiene por objeto reflejar o representar ese potencial para poder transmitir la información real sobre el objeto o la realidad, sobre sus cualidades inherentes. Para que un símbolo surta efecto y toque el corazón y la mente, debe haber congruencia entre la esencia del potencial (o realidad) y el símbolo que expresa la verdad de ese potencial.

Maestros, ¿por qué estamos hablando de simbolismo?

Para que puedan usar los símbolos a fin de crear una sociedad sana y alcanzar la grandeza, la evolución y la felicidad.

Entiendo. Como sociedad consciente, ¿cómo podemos usar el simbolismo para el bien de todos?

Debe haber sinceridad en el uso de los símbolos. No deben usarse para engañar, separar o degradar la esencia del ser, ni para generar conflicto. Los símbolos existen como instrumentos del saber, para la expansión de la raza humana. Existen para compartir los talentos de las sociedades comprometidas, y para la evolución.
No son armas.

¿Podemos usar este concepto de la congruencia de los símbolos para mejorar nuestra vida cotidiana?

Sí, siendo sinceros sobre su percepción de la esencia del símbolo. Reconozcan lo que un símbolo representa para ustedes desde la pureza de su corazón y la brillantez de su mente, sin permitir que la niebla de una mente obnubilada o un ego exaltado disfracen la esencia verdadera del símbolo. Si no son sinceros acerca de su percepción, podrán entender erróneamente el símbolo.

Cuando los símbolos se usan de manera egoísta y con el objeto de menoscabar, pueden engendrar problemas. Bien utilizados, los símbolos pueden promover armonía, evolución, realidad y justicia.

NOVENTA Y OCHO

LA AMNISTÍA

Mis amados Divinos Maestros, me siento honrada y agradecida de recibir su luz y sabiduría. Deseo dar amor incondicional. Deseo abrazar todos los complementos como uno solo, como la expresión ilimitada de una verdad, la verdad de la existencia. La verdad del ser.

¿Cuál tema específico desean revelar hoy?

LA VOZ DE LOS MAESTROS:

La amnistía. Es la capacidad de ver el bien en los demás y perdonar sus actos, más allá del ego constrictivo; la capacidad de sentir compasión por la verdad y la realidad de otros.

La amnistía libera el sufrimiento de los "medidos" y juzgados, de los procesados por las reglas y preceptos de la mente limitada y el ego desfigurado.

¿Por qué nos muestran la amnistía, Maestros?

Para que abran sus corazones y puedan comprender y aceptar todas las realidades. Dejen de lado la mente y el ego cuando traten de entender las realidades de los demás. Todos están inmersos en la evolución del yo hacia la verdad. La verdad de la existencia.

¿Cómo podrían juzgar efectivamente su propia naturaleza? ¿Cómo podrían juzgar a otros por adquirir dominio sobre sí mismos y adentrarse por sus propios caminos para encontrar la versión más elevada de sí mismos?

Se necesitan muchos cambios —un renacimiento continuo— para lograr el dominio de sí mismo. Hagan lo posible por mirar a los otros con los ojos del corazón.

NOVENTA Y NUEVE

LA RESOLUCIÓN DEL YO

Maestros, ¿qué mensaje traen al mundo hoy?

LA VOZ DE LOS MAESTROS:

Respiren, sostengan, suelten.

Permanezcan en el ahora.

Deténganse y disfruten el silencio que los rodea y su paz interior.

La paz del silencio y la sabiduría de la vida habitan en esa quietud. Gocen el silencio interior pues es alimento para el sistema, música para el corazón, amor para el yo.

El yo verdadero tiene un deseo profundo de emerger y poder expresar las cualidades del corazón y la inteligencia de la mente. Imbuidos del poder de su fuerza interior —que emana de la memoria profunda del cuerpo y del deseo del yo de alcanzar sus objetivos evolutivos—, podrán alcanzar la verdadera satisfacción y la paz interior.

¿Cómo mantener en alto nuestro nivel de resolución?

Estando en el ahora, reconociendo el poder del corazón y permitiendo que la inteligencia de la mente guíe sus actos. Declaren la intención de mantenerse arraigados en la fuerza de su esencia y en la perfección de los sistemas de su cuerpo. Confíen en la fuerza interna del cuerpo, la cual busca orden, sintropía y evolución.

¿Hay una práctica o conjunto de prácticas diarias para mantener la resolución?

¡Sí, amada! Conéctense entrando en contacto con el suelo.
Mientras lo hacen, cierren los ojos e inhalen la fuerza de vida y exhalen tranquilidad.
Inhalen la luz de la fuente, exhalen armonía.
Inhalen fuerza de vida y llévenla al plexo solar, visualizando y sintiendo que el plexo solar funciona como una planta de energía. Visualicen su capacidad ilimitada para generar, impulsar y dar. Sientan que la energía proveniente del plexo solar imprime vida a su sistema físico, a la Madre Tierra y luego irradia hacia el cosmos y más allá.

LAS LLAVES DEL AMOR Y LA FELICIDAD

Visualicen esta energía como una llama poderosa que irradia desde su plexo solar hacia la eternidad.

De esa manera reconocen, graban, memorizan y fortalecen su capacidad personal para emerger, crear, avanzar y dar forma y vida a sus deseos más profundos.

Les dejamos una "tarea".

Deténganse, relájense.

Lleven la mano al corazón.

Inhalen y exhalen desde el corazón.

Permanezcan allí, estén allí.

Sientan la dicha de estar allí.

CIEN

DESPERTAR AL AMOR

LA VOZ DE LOS MAESTROS:

En su despertar al amor:
Sean amor.
Sean ustedes mismos.
Sean alegría.
Sean sonrisas.
Sean sabiduría.
Sean incluyentes.
Séanlo todo.
Vean todo.
Disfruten todo al unísono.
Jueguen al unísono.

LAS LLAVES DEL AMOR Y LA FELICIDAD

Reciban con gusto los regalos del corazón y la sabiduría del alma.

Así será, Maestros. Gracias.

CIENTO UNO

LA ALEGRÍA DE LA EXISTENCIA

LA VOZ DE LOS MAESTROS:

La alegría de la existencia se siente siempre en el corazón y se expresa con la voz del corazón y la risa del yo. La autenticidad de la alegría es contagiosa e impactante. La pureza de la frecuencia de vibración de la alegría lo penetra todo, lo mueve todo e inspira a todo el mundo.

La alegría de la existencia emana de amarse a sí mismos por encima de todo y de comprender su derecho a vivir, a evolucionar y a regocijarse con la realización de sus deseos más hondos y los logros de su corazón. Es celebrar la virtud del amor cuando comprenden que el amor es su potencial interior. Es bañarse en el océano de la creación y sumergirse en la magnificencia de la vida, tomar de ella, vivir en ella y compartirla abiertamente desde el corazón.

LAS LLAVES DEL AMOR Y LA FELICIDAD

La alegría de la vida es sentirse dignos de todo porque ya son el todo. Son uno.

Sientan la alegría de la vida en cada respiración, en cada parpadeo, en cada paso de saliva, en cada ahora, en cada encuentro, en cada experiencia del yo, en cada creación de su corazón, en cada manifestación de su fuerza interior.

Sean alegres, sean vitales, sean geniales.

Sean la risa del corazón.

Sean la música del corazón.

Sean el amor del corazón.

Sean la alegría del corazón.

Sean la llama del corazón.

CIENTO DOS

BENDICIONES

Mis Divinos Maestros, estoy lista para recibir de ustedes. ¿Qué tienen para compartir?

LA VOZ DE LOS MAESTROS:

Magnificencia. Una fuente inagotable de bendiciones que están a su disposición para que puedan bañarse en ellas y participar de ellas. Aprovechen ese manantial de bendiciones para nutrir el fondo de su ser, vibrar con alegría en sus corazones y proyectar su luz alrededor del mundo.

¿Cómo compartimos nuestra magnificencia?

Sencillamente abriendo el corazón y exponiendo su ser puro y el cofre de tesoros infinitos que es su corazón. Compartan la impronta de lo que son.

La magnificencia está en todas partes. Miren a su alrededor y la verán. Sumérjanse en ese océano y deléitense en ella. Respiren y siéntanla. Siéntense en silencio y escuchen su sonido. Salgan al jardín o al bosque y huelan su aroma. Entréguense a la inmensidad de la creación, a la grandeza del cielo y a su ser interior. Son complejos y simples. Aprecien las células diminutas de su cuerpo, de su cerebro y de sus órganos. En ellas hay magnificencia. Desde el centro de la Madre Tierra hasta la conciencia infinita, hay magnificencia en todas partes.

¿La magnificencia y la abundancia son lo mismo?

No, la magnificencia es la forma como la creación expresa su potencial. Se expresa y les llega a ustedes en forma de regalos tan bellamente envueltos que los dejan sin aliento.

La abundancia es la forma como la creación infinita expresa su potencial para que ustedes puedan participar de él, vivir de él, manifestar y compartir. La abundancia es la forma suntuosa como se les ofrece a ustedes la creación para que vivan en ella y para ella.

¿Podríamos decir entonces que la magnificencia es calidad y la abundancia es cantidad?

Sí. La mente humana define y mide. Las dos se pueden considerar como una expresión de la realidad.

CIENTO TRES

VIDA Y ETERNIDAD

LA VOZ DE LOS MAESTROS:

La vida es un movimiento continuo de energía, de fuerzas que coexisten en retroalimentación permanente hasta que un día se manifiestan de una manera armoniosa y ordenada, alineada con la naturaleza.

¿Cuál es la diferencia entre la vida y la existencia eterna?

El despliegue de la realidad de la mente es la vida. Es la condensación de la expresión de la energía para materializar las fuerzas de la energía misma. La vida es medible, palpable; se puede sentir, se puede tocar, se puede ver en los confines de la mente.

La existencia eterna es inconmensurable porque es infinita. Es una expresión o potencial sin límites que es la energía misma. Es todo y es nada después de haber sido todo. La existencia eterna es la convergencia de todos los potenciales de energía que se expresan en el ahora eterno y están hechos de cada ahora.

Esto es algo difícil de procesar para la mente humana, Maestros. Me parece complejo.

La vida, o la existencia, es difícil de procesar cuando se experimenta desde el punto de vista limitado del ego. El ego no nos permite ver todos los potenciales o posibilidades de la creación que están a disposición del yo verdadero inabarcable.

Cuando está de por medio el ego, la mente humana queda sujeta a restricciones.

Maestros, ¿hay un aspecto práctico en estos dos conceptos?

La fuente de ambos es una única realidad. Esa fuente lo es todo y tiene la memoria de todo lo que existe. Sean el secreto, vivan conforme al secreto y hagan lo que deben hacer.

¿Desean amor? Sean amor.

¿Desean alegría? Sean alegres.

¿Desean sabiduría? Sean prudentes.

¿Desean propósito? Vivan con propósito.

Sean vida, sean lo que son.

CIENTO CUATRO

LA GRANDEZA DE LA CREACIÓN

Acojo su presencia y conocimiento superior con profunda gratitud, Divinos Seres de Luz. ¿Qué desean mostrarnos a mí y al mundo hoy?

LA VOZ DE LOS MAESTROS:

La grandeza de la creación. Sus cantos son un bálsamo. Nos regocijamos en sus delicadas frecuencias. Despierten a la vida, despierten al amor, y más.

Hagan una pausa para centrarse y para reconocer y entrar en sintonía con el ritmo de la creación. Hagan una pausa para reordenar y dar nueva forma a su realidad. Continúen vibrando con las cualidades del corazón y escuchando la voz de su alma.

Se están produciendo cambios. Está ocurriendo un renacimiento colectivo que se traducirá en naciones de grandeza.

¿Cuál es mi deber en este momento? ¿Cómo puedo servir a ustedes y a la humanidad?

Viaja a tu interior. Experimenta tu yo verdadero. Vive y da desde el corazón. Encarna el método de la simplicidad y compártelo. Confía. Sigue creando orden y estarás lista para nuestra misión conjunta. Mantente ubicada en el corazón.

Gracias, Maestros, por ayudarme a cumplir con mi propósito superior.

Sonríe. Sí, sonríe. La sonrisa atrae bendiciones.

Infinitas gracias, Divinos Maestros Amados.
<3<3<3

CIENTO CINCO

LA SIMPLICIDAD DE TODAS LAS COSAS

¿Qué desean mostrarme o enseñarme hoy, Maestros?

LA VOZ DE LOS MAESTROS:

La simplicidad de todas las cosas.

Es sencillo sentarse en silencio y prestar atención al corazón. Es sencillo dejar que el viento acaricie la piel con su sabiduría. Es tan sencillo como deleitarse con los trinos de los pájaros.

Inhalen, exhalen.

Inhalen, exhalen.

Disfruten la presencia de la Divinidad en su interior.

CIENTO SEIS

LA CONTEMPLACIÓN

LA VOZ DE LOS MAESTROS:

La contemplación es una práctica de conciencia interior y de reconocimiento de todo lo que existe. Es gozar de la creación sin juzgar, utilizando la conciencia sutil para reconocer la verdad que reina afuera y dentro del cuerpo.

La contemplación es una práctica profunda para alinear la conciencia con todo lo que existe. Es una comunicación o comunión sutil con todo lo que existe. La contemplación abre espacio para que todos los potenciales de la creación se puedan expresar y para que ustedes puedan recibirlos con total conciencia, apertura y gratitud. Es una oportunidad para el encuentro con el amor incondicional porque no hay expectativas ni control. Es sencillamente una entrega mutua. Todas las posibilidades se desenvuelven siempre que hay entrega. Los seres despiertan. La vida brilla en todo su esplendor.

Mediante la contemplación se entregan en las manos de Dios y al sostén de las fuerzas de la creación. Es serenidad, es verdad, es tranquilidad.

La contemplación es ver su propia verdad en el espejo de la vida, y reconocer que la verdad que ven afuera es la misma que ustedes encarnan. Debido a este efecto de espejo, la práctica de la contemplación restablece la armonía y el equilibrio interior. Es una demostración de amor por uno mismo. Por medio de la contemplación podemos comprender nuestros propios ritmos, nuestros propios ciclos.

¿Qué otra cosa debemos saber sobre la contemplación, Maestros?

Mantengan la quietud y la paz reinará.

¿Cómo practicamos la contemplación, Maestros?

Siéntense en calma con los ojos abiertos y dirijan la mirada hacia el espacio entre los ojos. Siempre al frente. Eso les ayudará a mantenerse en el ahora y en la realidad que están experimentando o contemplando.

Observen y respiren sin esfuerzo. Permitan que la respiración sea más lenta y superficial de lo normal.

Entren en la calma del ahora con quietud y serenidad y ábranse a la realidad que su mirada abarca, acogiendo su verdad sin juzgar.

Permanezcan allí y disfruten la paz interior, la comunión con el todo. Dejen que la sensación apaciguadora penetre todo su ser. Sean paz, sean silencio. Sean amor, sean alma.

La práctica no tiene que ver con el objeto de la contemplación sino con el hecho de fundirse en él. Así se desenvolverá la sensación de conexión y paz, junto con la experiencia de la unicidad.

Divinos Maestros de la Luz, gracias por su presencia.

Solo es amor que nos baña, proveniente de ustedes.

¡Qué regalo! ¡Qué bendición es esto!

CIENTO SIETE

SER PAZ

Gracias seres Divinos de Luz que desde los planos superiores nos ayudan en nuestra evolución. ¿Qué hay en su conciencia que deseen compartir hoy para el bien de todos?

LA VOZ DE LOS MAESTROS:

Respiren, permanezcan en la quietud. Guarden la calma. Gocen de su quietud y su paz interior. Reciban las bendiciones de la vida, pues son merecedores de ellas.

Soy. Sí, yo soy.

Digan: "En silencio soy el todo. Experimento la Divinidad".

Inhalen amor, exhalen paz. Su esencia verdadera es paz.

Inhalen amor, exhalen armonía. Su esencia verdadera es armonía.

Inhalen luz divina, exhalen luz. Su esencia verdadera es luz.

Inhalen luz divina, exhalen unicidad. Su esencia verdadera es unicidad.

Sean unicidad, vivan la unicidad.

Regocíjense en las profundidades del ser, en la paz que reside en su interior, en la luz del alma, en los latidos del corazón. Sean paz y transmitan paz.

CIENTO OCHO

REGOCIJARSE

Me siento muy feliz y agradecida, Divinos Maestros. Llevo muchísimo amor en mi corazón.

LA VOZ DE LOS MAESTROS:

Esa es la verdad de tu existencia. El amor.

Esta verdad es real solamente en el interior. En el silencio del yo, en los tesoros del corazón.

Entonces, ¿me están invitando a sentarme en silencio, Maestros?

Sí, amada. Sé paz, sé lo que eres realmente, sé y goza la voz del alma. Regocíjate en la pureza del alma y la belleza y generosidad de tu corazón.

Así lo haré, queridos Maestros. Sinceramente que trato de hacerlo todos los días porque me da alegría y paz y me mantiene centrada en mi propia verdad.

Es allí donde debes estar. En tu verdad. Reconoce esa verdad. Es un privilegio ver y reconocer la Divinidad en ti.

EPÍLOGO

Mi camino hacia la conciencia superior ha seguido su curso desde que canalicé estos mensajes. Siento un deseo profundo de amar y de llevar una vida consciente. Me siento llamada a estar siempre consciente de mi relación conmigo misma y de cómo trato mi cuerpo. Pienso que muchas personas sienten estos mismos deseos y llamados.

Esto es lo que concluyo después de comunicarme casi todos los días durante más de un año con los Maestros de la Verdad del Amor y la Felicidad: todos tenemos la posibilidad de definirnos de acuerdo con las expectativas del mundo exterior o de acuerdo con nuestras necesidades internas. El camino hacia el despertar y el conocimiento implica viajar primero a las profundidades del océano de la vida, que es lo que somos, para luego traer al mundo lo que encontremos allí. Reconocernos nos habilita para reconocer y participar de todo lo que la vida nos ofrece.

Quisiera dejarlos con lo que entiendo y he integrado respecto de la importancia de vivir conectados al corazón, y es lo siguiente: aun en los momentos en que la realidad externa nos estremece, e independientemente de lo que esté sucediendo, debemos respirar, llevar la conciencia al corazón y conectarnos nuevamente con la belleza y la vitalidad de nuestro yo verdadero. En cada momento, independientemente de cuán fáciles o difíciles sean las cosas, debemos optar por amarnos a nosotros mismos, mantenernos felices y aprovechar la oportunidad para tomar el control de nuestra realidad, tomar el control de nuestras emociones. Debemos optar por ser los creadores de la verdad que deseamos vivir y compartir.

Podrían decir: "Sí, eso parece fácil, pero ¿cómo mantener la serenidad y el control cuando todo me sale mal y mi mundo se desmorona?"

Es en esos momentos cuando debemos entrar en contacto con nuestro cuerpo. Es la invitación para sentirlo y reconocer que todo funciona en perfecto orden y armonía. Si aceptamos la invitación y seguimos ese llamado, podremos ejercer la plenitud de nuestro poder. En realidad no es posible ceder el control sobre la vida.

¿Qué deseamos? ¿Qué queremos dar? ¿Cómo deseamos vivir? La realización de los deseos comienza con tener claridad sobre lo que buscamos. Validemos nuestros propios deseos. Apropiémonos de nuestros deseos. Sintámoslos en los rincones más profundos de nuestro ser, en nuestro cuerpo. Sintamos las emociones nacidas del anhelo.

Visualicemos también lo que deseamos. Proyectemos en la mente esa película en la que se han cumplido nuestros sueños y veámosla una y otra vez con la certeza de que ya es realidad. Sumerjámonos en la esencia de nuestros deseos más profundos. Permitámonos experimentar una profunda y sincera gratitud por ello. La magia de manifestar, de crear realidades, se encargará del resto.

Es gratificante saber que nada está vedado, sentir cuán ilimitados son nuestro poder, nuestra valía y nuestra interconexión con el todo. Esto inspira en la mayoría de las personas un sentimiento inmenso de gratitud y asombro.

Debo mi conexión personal con la conciencia superior a mi devoción por vivir desde el corazón todos los días y experimentar todos los días sus cualidades —el amor propio, la alegría y la gratitud—. También viene de mi intención de ser una presencia de amor, bienestar y expansión espiritual para otros. He hecho lo posible por ceñirme a las pautas que los Maestros de la Verdad me dieron para que las compartiera con ustedes, y los resultados, para mí en lo personal, han sido notables.

Mi compromiso ahora es ver lo bueno en todo y en todos y ofrecer mi apoyo a quienes deseen alcanzar el dominio de sí mismos, integrando energías de frecuencia elevada y evolucionando de conformidad con sus propias necesidades de realización personal.

En última instancia, de todos los principios descritos en este libro, los dos que para mí son las llaves fundamentales hacia una vida de conexión, simplicidad, realización, felicidad y libertad, son el perdón y el amor por nosotros mismos. Así no hagan nada más, trabajen en esos dos principios.

Hagan lo posible por amarse a sí mismos y hacer por ustedes mismos lo que quisieran que la conciencia divina hiciera por ustedes. Viajen a su interior y reconozcan la sabiduría de su yo superior. Déjense guiar por él. Sientan y exprésense desde el corazón. Descubran que el sueño, la meta, o el propósito divino, que ha de llenarlos plenamente residen ya en su corazón y reciban esa ofrenda.

También, hagan lo posible por perdonarse y perdonar a los demás. Permitan que las cualidades de su corazón se apoderen de su pensamiento y de su comportamiento en cada interacción.

Difundan su espíritu, su alegría y su conocimiento con humildad, sabiduría, magnificencia y gallardía. Den con el objetivo de elevar su esencia y llevar felicidad a los demás.

AGRADECIMIENTOS

Agradezco ante todo a los Maestros de la Verdad del Amor y la Felicidad por colaborar conmigo. Sin ellos este libro no existiría. Es un privilegio y un honor ayudar a difundir sus mensajes. También agradezco a mi yo superior por crear esta oportunidad tan maravillosa para mí; ha sido transformadora.

Mi reconocimiento y agradecimiento para mi amada hija, Nicole, parte fundamental de este proyecto. Acogió incondicionalmente el conocimiento que recibí y me ayudó a transcribirlo con verdadero compromiso. Las dos compartimos este viaje de expansión personal.

Agradezco a mi hijo, Milton, por su admiración y apoyo y por esa chispa de alegría que siempre trae a mi vida.

Debo expresar mi inmensa gratitud a mi esposo, Milton, por aceptar y recibir este conocimiento como elixir de sabiduría para su propia vida y su evolución personal. Ha sido para mí fuente de apoyo generoso y constante durante mi camino hacia el logro de mis metas.

Gracias también a mi padre, que siempre me ha inspirado a expresar mi verdad y conocimiento. Es un apasionado narrador de historias y un ávido estudiante de la historia que seduce a su público con su personalidad y vivacidad; ha sido un modelo excelente.

Me siento también profundamente agradecida con los amigos que, en nuestras reuniones, supieron escuchar los mensajes que les leía; recibieron el conocimiento con tanto interés, aprecio, gratitud y devoción que me hicieron saber que andaba por el camino correcto y que había recibido unos mensajes invaluables.

Aprecio profundamente la forma como Kenna y otras personas me ayudaron pacientemente cuando tropezaba con problemas tecnológicos durante la transcripción y revisión del material.

Quisiera expresar mi reconocimiento y gratitud a Cathy Fernández, mi sanadora energética, guía sabia para mí e intérprete de algunos de los mensajes que he canalizado. De ella he recibido algunas herramientas para manejar mi energía y hacer posible mi disponibilidad para este trabajo. También siento admiración y enorme gratitud por los distintos maestros con quienes me he cruzado en el camino durante mi viaje de toda la vida hacia la autorrealización. Su sabiduría, sus técnicas y conceptos, que he experimentado por medio de la lectura de sus libros, los retiros y los cursos de certificación, me han ayudado a convertirme en la mujer que soy hoy.

Mi agradecimiento especial a mi editora y consultora editorial, Stephanie Gunning, fundadora de Gunning

Writer Works, quien ha producido un gran número de éxitos de librería y libros premiados, por dedicar su experiencia, creatividad, sentido del humor y agudo conocimiento a la tarea de editar y finalizar este libro, contribuyendo a la realización de mi propósito de vida.

Agradezco a mis publicistas, Bobby Coimbra, David Borges y Héctor Chacón Hansen, de Soho Square Coimbra/Ogilvy Group, por llegar a este proyecto en el momento preciso, trayendo su creatividad y sus estrategias para permitirme difundir el mensaje que tanto anhelo compartir con el mundo.

Por el diseño de la portada del libro y la ilustración de la llave que aparece tanto en la portada como en el interior, y por su labor como publicista de esta obra, agradezco profundamente a Héctor.

Muchas gracias a Adriana de Hassan, mi traductora al español, y a Ana del Corral Londoño, mi editora para la versión en español. Ellas, con su destreza y su bella energía, pulieron este manuscrito y así contribuyen a difundir este conocimiento entre las personas de mi amada Venezuela y de otras culturas hispanohablantes.

RECURSOS

Gracias por leer este libro. Es un honor servirles por medio de compartir con ustedes la sabiduría de los Maestros de la Verdad del Amor y la Felicidad. Espero que me ayuden a dar a conocer aún más sus claras ideas sobre el método de la simplicidad y las trece leyes de la existencia. Para ayudarles a cultivar un estilo de vida mágico basado en esta orientación he creado algunos recursos adicionales. Por favor hagan uso de ellos en buena salud y con alegría perdurable.

1–CONÉCTENSE CONMIGO

Sitio web: www.LorenaGodoy.com

Correo electrónico: books@lorenagodoy.com

Instagram: @lorenasoulconnection

Facebook: @lorenasoulconnection

2—ASISTAN A UNA MEDITACIÓN INDIVIDUAL O GRUPAL DIRIGIDA POR MÍ

¿Les gustaría iniciar o expandir su práctica de meditación? Cuando estudian conmigo les proporciono un mantra individual (vibración) calculada para cada uno mediante los métodos de la tradición védica que enseña el Chopra Center for Wellbeing. Este mantra será su instrumento para apaciguar sus pensamientos y relajar la mente de modo tal que puedan alcanzar estados más profundos de conciencia.

El curso de meditación es un espacio para desarrollar el autoconocimiento. Es una oportunidad para liberarse de estrés físico y emocional y mejorar la calidad del sueño. También es una oportunidad de explorar el silencio interior que nos da acceso a nuestra verdadera esencia, nuestra conciencia y el campo de las posibilidades infinitas. Las meditaciones son un viaje hacia el interior en el cual experimentamos un estado de paz y alegría infinitas.

3—RECIBAN *COACHING* UNO A UNO CONMIGO

Como coach, les reservaré un espacio para acompañarlos en su camino de transformación personal y de despertar a una vida de conexión con el corazón, de modo que puedan crear y manifestar amor, abundancia y magia. Les daré ideas claves para la escritura intuitiva y la conexión con la conciencia superior (canalización).

4—INVÍTENME PARA DAR CHARLAS EN SU GRUPO DE LECTURA O ESCRITURA

Durante la visita, les contaré mi experiencia, mi camino y les contaré sobre el conocimiento que he recibido de dimensiones superiores. Es la vocación de mi alma y mi profundo deseo dar a conocer estos mensajes para elevar la tranquilidad, la realización personal y la felicidad. Una manera poderosa e inspiradora de hacerlo es que un grupo ahonde colectivamente en las gotas de sabiduría de *Las llaves del amor y la felicidad*.

5—ADQUIERA PARA SU ORGANIZACIÓN EJEMPLARES AL POR MAYOR

Ofrecemos descuentos especiales para comprar ejemplares al por mayor directamente de Lorena Godoy Books. Abrigamos la esperanza de poder diseminar lo más ampliamente posible el conocimiento profundo y habilitante que contiene *Las llaves del amor y la felicidad* con el fin de ayudar a formar comunidades más creativas, armoniosas y evolucionadas.

Escríbannos sobre cuáles son sus necesidades a books@lorenagodoy.net

SOBRE LA AUTORA

LORENA GODOY se formó como coach para la transformación personal y es profesora certificada de meditación para facilitar el proceso interno de expansión y de autorrealización. Recibió su formación en meditación en el Chopra Center for Wellbeing. Desde 2019 ha estado canalizando mensajes diarios de los Maestros de la Verdad del Amor y la Felicidad.

Lorena es una apasionada del conocimiento que ha integrado como resultado de sus experiencias místicas. Divulgar esta sabiduría de muchas maneras y en muchos foros se ha convertido en la razón de ser de su vida y su trabajo principal. Siente un profundo llamado a contribuir al despertar de la conciencia espiritual colectiva. *Las llaves del amor y la felicidad* es su primer libro.

Lorena es venezolana de nacimiento y ahora reparte su tiempo entre Miami, Florida, y la Isla Margarita en Venezuela, donde el entorno natural frente al mar se presta maravillosamente para llevar una vida tranquila. La energía de la isla la inspira para viajar en silencio a su interior, sumergirse en la escritura y disfrutar de una vida sencilla al lado de sus seres queridos y amigos.

Made in the USA
Columbia, SC
20 March 2021